MEWN CARCHAR TYWYLL DU

Mewn Carchar Tywyll Du

D. Morris Lewis

**Golygydd y gyfres:
Lyn Ebenezer**

Argraffiad cyntaf: Mawrth 2001

Ⓗ awdur/Gwasg Carreg Gwalch

Cedwir pob hawl.
Ni chaniateir atgynhyrchu unrhyw ran o'r cyhoeddiad hwn, na'i gadw mewn cyfundrefn adferadwy, na'i drosglwyddo mewn unrhyw ddull na thrwy unrhyw gyfrwng, electronig, electrostatig, tâp magnetig, mecanyddol, ffotogopïo, recordio, nac fel arall, heb ganiatâd ymlaen llaw gan y cyhoeddwyr, Gwasg Carreg Gwalch, 12 Iard yr Orsaf, Llanrwst, Dyffryn Conwy, Cymru LL26 0EH.

Rhif Llyfr Safonol Rhyngwladol:
0-86381-671-1

Cyhoeddir o dan gynllun comisiwn Cyngor Llyfrau Cymru.

Cynllun clawr: Adran Ddylunio'r Cyngor Llyfrau

Argraffwyd a chyhoeddwyd gan Wasg Carreg Gwalch,
12 Iard yr Orsaf, Llanrwst, Dyffryn Conwy, LL26 0EH.
✆ 01492 642031
🗎 01492 641502
✉ llyfrau@carreg-gwalch.co.uk
Lle ar y we: www.carreg-gwalch.co.uk

Dymuna'r awdur gydnabod yn ddiolchgar bob cymorth a gafodd
gan olygydd y gyfres, Lyn Ebenezer, wrth baratoi'r gyfrol hon.
Dymuna hefyd ddiolch i staff Gwasg Carreg Gwalch
am eu gofal wrth lywio'r gyfrol drwy'r wasg.

*Cyflwynedig
i
Sallie
fy ngwraig*

FFARWÉL I LANDYFRÏOG

Yn Nyffryn Teifi yn y tridegau, fel ymhobman arall, roedd yna brinder gwaith difrifol. Yn aml, yr unig ffordd y llwyddai ffermwyr i gael dau ben llinyn ynghyd oedd drwy gyfnewid llafur ac eiddo.

Adeiladydd a saer maen oedd Nhad yn Llandyfrïog ger Castellnewydd Emlyn ac iddo ef y gweithiwn pan oeddwn yn llanc. Nid cael gwaith oedd y broblem fawr i ni ond yn hytrach cael pobl i dalu'n brydlon, neu hyd yn oed dalu o gwbwl. Roedd ffermwyr y fro yn enwog am hynny. Dim rhyfedd fod gan gynifer ohonynt gerrig beddau marmor.

Deuthum i'r penderfyniad nad hwn oedd y bywyd i mi. Ac er fy mod, ar y cyfan, yn ddigon hapus fy myd, dechreuais chwilio am y 'man gwyn man draw', rhywbeth a fyddai'n darparu cyflog rheolaidd.

Gwelais lawer o'm cyfoedion yn ymuno â'r lluoedd arfog. Ond ar ôl ychydig flynyddoedd deuent adre heb ymddangos yn llawer iawn gwell eu byd. Aeth eraill i'r môr. Yma hefyd roedd y gobeithion yn gyfyngedig. Âi rhai yn athrawon. Atebodd eraill alwad y Goruchaf a mynd i'r Weinidogaeth. Yn rhyfedd iawn, fe roddodd Duw y gorau i alw pobl mor aml ag yr arferai wneud. Ar gyfer y fath alwedigaeth rhaid bellach oedd wrth addysg dda, yn cynnwys y 'matric'. Beth bynnag, nid pawb oedd yn ddigon ffodus i fedru denu'r gefnogaeth angenrheidiol ar gyfer y fath swyddi a rhaid oedd i lawer, felly, fodloni ar safon is o fyw.

Roeddwn i wedi mynychu'r ysgol ramadeg leol, ac roedd hynny, yn y cyfnod hwnnw, yn gam pellach na'r arfer. Byddwn yn darllen yn eang hefyd. Ond yn anffodus doedd neb wrth law i gynnig cyngor neu i roi hwb ymlaen.

Roedd Nhad, chwarae teg iddo, wedi pwysleisio'r angen am grefft, a swydd a fyddai'n cynnig pensiwn. Rhaid fod hyn wedi cael rhyw fath o ddylanwad arnaf, er na fynnwn gyfaddef hynny ar y pryd.

Ar ochr Mam, roedd nifer o'r teulu'n gwasanaethu yn heddluoedd Sir Aberteifi a Sir Forgannwg lle roedd hi'n rheidrwydd i rywun fod yn mesur o leiaf chwe throedfedd o daldra. Yn anffodus, roedd natur wedi gwarafun i mi'r ychydig fodfeddi ychwanegol. Pum troedfedd a naw modfedd oedd yr hwyaf y medrwn ymestyn yn nhraed fy sanau. Felly fe gaewyd y drws hwnnw'n glep yn fy wyneb am byth. Fe wnaeth heddluoedd eraill ateb fy ngheisiadau gyda'r neges arferol fod fy enw wedi ei ychwanegu at y rhestr aros hirfaith. Ar wahân i ddiffyg taldra, roeddwn yn brin o gymwysterau eraill ar gyfer y swydd – bod yn berchen ar gap rygbi rhyngwladol, er enghraifft, a bod â'r cysylltiadau iawn.

Euthum mor bell â chynnig am swydd fel offerynnwr gyda Band y Morlu Brenhinol. Ond ar y pryd doeddwn i ddim ond wedi treulio tair blynedd gyda Band Trefol Emlyn, ac roedd angen tair blynedd o brofiad.

Penderfynais fynd ati i astudio ychydig yn ystod fy amser hamdden. Anfonais at Goleg Bennett yn Sheffield am y llyfryn *Let Me Be Your Father*. Profodd hwn i fod yn ddefnyddiol. Cynhwysai'r llawlyfr hwn nid yn unig restr o holl heddluoedd Lloegr a Chymru ond hefyd fanylion am Heddlu'r Carchar.

Am ryw reswm, daliodd hyn fy sylw. A dyma ddechrau teimlo y gallai fod yma, hwyrach, ateb i'm gweddi. Ychydig a wyddwn ar y pryd am y problemau a'r anawsterau a groesai fy llwybr. A doedd gen i neb a allai gynnig gwybodaeth uniongyrchol i mi am y Gwasanaeth Carchardai.

Ond teimlwn fod yma ryw fath o her, rhywbeth gwahanol. Gwelwn y peth fel ymuno â'r French Foreign Legion. Felly dyma fynd ati i baratoi fy nghais. Disgwyliais yn hir wedyn am y ffurflenni perthnasol, ond yn ofer. Anfonais ail gais, ac o'r diwedd derbyniais ateb. Roedd recriwtio ar stop, i bob pwrpas. Yr unig swyddi a ddeuai'n wag fyddai rhai o ganlyniad i ymddeoliad neu farwolaeth.

Roedd y Gwasanaeth Carchardai ar y pryd yn gyfyngedig iawn ac ni chynigid unrhyw addewidion pendant. Ac yma dysgais wers bwysig iawn. Os ydych yn daer dros gyrraedd unrhyw nod, rhaid peidio ag ildio fyth. Felly, er bod fy ngobaith yn wan, llenwais y ffurflenni cais. Roedd y rhain yn gymhleth iawn. Gofynnent am gryn feddwl. Ac fel petai'r ffurflenni eu hunain ddim yn ddigon cymhleth, roedd angen hefyd am eirda oddi wrth ysgolion a chyflogwyr, ynghyd ag enw dau ganolwr oedd yn f'adnabod o'm plentyndod. Rhaid oedd imi hefyd gynnwys crynodeb o'm gyrfa a hanes fy mywyd.

Hyd fy medd byddaf yn nyled Richard Lloyd Lewis, prifathro Ysgol Adpar, adeilad sydd bellach wedi'i ddymchwel i wneud lle i Ganolfan Iechyd. Hefyd cefais gymorth John Phillips, prifathro Ysgol Ramadeg Emlyn, sefydliad arall nad yw'n bodoli bellach; y Rhingyll John Evans a'r Rhingyll John Jones, Maeseithin; a hefyd y Parchedig D. Rees Enoch, Ficer Llandyfrïog.

Roeddwn i'n ddigon prysur yn y cyfnod hwn fel aelod o Fand Tref Emlyn, grŵp y Black and White Minstrels a'r tîm Cymorth Cyntaf. Doedd yna ddim tîm rygbi yng Nghastellnewydd bryd hynny, gêm y buaswn wedi bod wrth fy modd yn ei chwarae.

Beth bynnag, dyma ddanfon y cais llawn a bûm yn disgwyl yn eiddgar am ateb. Aeth cyfnod sylweddol heibio ac fel yn hanes fy nghais cyntaf, ni ddaeth llythyr. Ysgrifennais nodyn yn eu hatgoffa gan ofyn am ateb. Mae'n rhaid eu bod nhw erbyn hyn wedi hen laru ar fy holl ymbilio, ond o'r diwedd fe ddaeth ymateb.

Roedd Nhad a minnau newydd orffen ailadeiladu Waunllan, Llandyfrïog, ac erbyn hyn roeddem wrthi'n ailgodi talcen tŷ Fferm y Banc. Perchennog y fferm oedd yr Henadur John Davies, neu John y Banc, gŵr rhadlon a chymwynasgar. Cyrhaeddodd y llythyr o Adran y Carchardai tra oeddwn i'n siarad â Jac. Pan ddeallodd fy mod wedi cael fy nerbyn, cynigiodd fy ngyrru hanner y daith, ble bynnag y byddai angen i mi fynd. Ychydig a wyddai Jac ar y pryd mai pen y daith i mi fyddai Wakefield yn Swydd Efrog.

Ond roedd dyletswydd arall i ddod cyn hynny. Hysbysai'r llythyr y dylwn fod yn bresennol yn Swyddfa'r Gwasanaeth Carchardai ar Orffennaf 10, 1937, ar gyfer cyfweliad, archwiliad meddygol ac arholiad. Roeddwn ar ben fy nigon ac euthum ati i ddarllen cymaint â phosib ar y pwnc.

Ar y diwrnod penodedig, teithiais i Abertawe ar fy motobeic yng nghwmni fy nghyfaill mawr, Evan Llain, Garreglwyd, a fyddai'n cael ei adnabod yn ddiweddarach fel y Parchedig Evan Lewis Isaac MBE, un o hoelion wyth Urdd Gobaith Cymru.

Doeddwn i erioed yn fy mywyd wedi gweld carchar. Ar ôl curo ar y drws anferth, teimlwn fod safnau uffern yn agor o'm blaen. Cyfarchwyd fi gan swyddog carchar trwsiadus a archwiliodd fy mhapurau cyn fy nhywys i stafell aros. Dyma sylwi fod yna bedwar ar ddeg ohonom yn bresennol ar gyfer y prawf. Roedden nhw'n cynrychioli trwch y boblogaeth, y mwyafrif mawr yn gyn-filwyr, a neb islaw rheng rhingyll (NCO). Dim ond dau oedd heb fod yn y fyddin. Teimlwn mai tenau iawn oedd fy ngobeithion i.

Yn gyntaf cawsom ein harchwilio'n gorfforol mewn prawf meddygol. Rhaid oedd i ni hyd yn oed gofnodi cyflwr iechyd ein rhieni. Wedi'r cymal cyntaf, llwyddodd chwech ohonom i fynd ymlaen.

Fe ddaeth hi'n amser wedyn i'r gwahanol dasgau – sgrifennu traethawd ac ychydig fathemateg. Fe gofiaf un o'r cwestiynau weddill fy oes. Pa mor hir yw darn o gortyn? Doedd gen i ddim syniad. Fy ateb i oedd 'cyhyd ag sydd ei angen'. Yr ateb cywir oedd 'ddwywaith mor hir â'r pellter o'r canol i un pen'.

Yn dilyn y prawf, a barodd am deirawr, chwynnwyd ni i lawr i bump. Ac yna daethom at y cymal olaf, sef cyfweliad o flaen y Rheolwr, Major Harvey, a'r Comisiynydd Carchar, Major Lamb. Fe daflwyd nifer o gwestiynau tuag ataf a thrwy lwc a bendith fe'u hatebais. Cawn y teimlad nad oeddynt yn ystyried fy mod i'n ddigon mawr o gorffolaeth ar gyfer y gwasanaeth a bûm yn poeni am hyn am ddyddiau wedyn.

Erbyn diwedd y prynhawn, dim ond pedwar ohonom oedd yn weddill. Wrth i ni ffarwelio, fe wnaethom ddymuno pob lwc i'n gilydd. Aeth mis heibio a theimlwn erbyn hynny i mi gael fy ngwrthod. Ond teimlwn y dylwn roi un cynnig arall, a hynny i brofi fy mrwdfrydedd yn fwy na dim, i ddweud fy mod i'n daer i wybod fy ffawd ac i bwysleisio mor awyddus yr oeddwn i ymuno â'r gwasanaeth. Ac er mawr syndod i mi, derbyniais wŷs yn fy hysbysu y cawn gychwyn ar fy hyfforddiant yng Ngholeg y Swyddogion Carchar ar Hydref 17, 1937. Erbyn hyn rwy'n argyhoeddedig, petawn heb yrru'r llythyr olaf hwnnw, na fyddwn wedi cael fy nerbyn. Weithiau mae'n rhaid credu mewn ffawd.

Rhaid oedd i mi ymrwymo i fod o dan hyfforddiant am ddeng wythnos, ac os byddwn yn llwyddiannus byddai deuddeng wythnos o ddyletswydd nos i ddilyn. Ni weithredwyd yr ail gymal. Y bwriad, mi gredaf, oedd canfod a oeddwn i'n ddigon brwdfrydig ac yn ddilys yn fy mwriad.

Roeddwn yn byw gyda'r teulu yn Danwarren yn Llandyfrïog, ac yn y cyfamser euthum ati i baratoi fy hun at yr hyn oedd i ddod drwy ymarfer corff, nofio a phob dull posib o galedu fy hun yn gorfforol. Roedd digon o gyfle yn Danwarren, yr afon gerllaw ar gyfer nofio, y caeau ar gyfer rhedeg, ynghyd â hedd Dyffryn Teifi ar gyfer tawelwch meddwl.

Fel un a hoffai hela a physgota, roeddwn i'n ymwybodol o'r aberth personol a wynebwn. Gadael bywyd cefn gwlad, gadael ffrindiau a gadael, yn Nre-fach, rywun a allai fod yn gariad. Ond er gwaethaf hyn oll teimlwn mai hon oedd yr her angenrheidiol ac na ddeuai cyfle tebyg eto.

Gwawriodd Hydref 16, 1937, ac roedd Dyffryn Teifi wedi'i foddi gan heulwen Ha' Bach Mihangel. Roedd Ewrop yn ferw tra oedd Hitler a Mussolini yn rhyw ddirgel baratoi drwy hau hadau rhyfel. Roedd Rhyfel Cartref Sbaen wedi dod i ben gyda buddugoliaeth i'r Ffasgiaid. Yno arbrofwyd gydag arfau dieflig newydd, yn arbennig y Stuka Almaenig, awyren a allai fomio wrth blymio.

Ymddangosai fod Lloegr a Ffrainc yn ddi-hid i hyn oll ac yn ei chael hi'n anodd i ddygymod â realiti'r sefyllfa. Roedd y byd cyfan ar fin newid, ac roedd fy myd bach personol innau ar fin newid hefyd.

Ar y bore hwnnw gallwn weld ambell eog yn neidio o'r dŵr yn y pyllau islaw Danwarren. Roedd y tymor claddu wyau yn nesáu. Nofiai dail crin yr hydref yn ysgafn ar wyneb yr afon. Roedd y tymor pysgota newydd ddod i ben.

Bryd hynny, ar y llethr ar draws y ffordd, tyfai degau o goed pinwydd talsyth. Yn fuan caent eu torri, eu prydferthwch i ddiflannu am byth. Heigiai pysgod yn yr afon. Heidiai cwningod yn y caeau. Roedd y *myxomatosis* eto i ddod.

Treuliais fy machgendod yn yr amgylchedd hyfryd hwn a theimlai fy nghalon fel plwm wrth imi feddwl am ymadael â'r Eden hon, a oedd yn nefoedd ar y ddaear. Ond gorweddai fy nyfodol mewn cyfeiriadau eraill a doedd dim dewis ond gadael. Gydol yr amser y treuliais yn y Gwasanaeth Carchar bu hiraeth yn gydymaith cyson. O ganlyniad daliwn ar bob cyfle i ddychwelyd i Landyfriog. Mae'n rhaid fod pob bachgen ifanc wedi teimlo'r lwmp yn ei wddf. Ond i mi roedd e'n lwmp na fedrai neb ond fi ei deimlo.

Gadawodd Nhad a minnau Danwarren yn blygeiniol i gyfarfod â John y Banc. Oedd, roedd e wedi cadw at ei air. Byddai'n ein gyrru mor bell â Chaer. Ond o gyrraedd fferm y Banc cofiais i mi adael rhai pethau pwysig ar ôl yn Danwarren a rhedais adre i'w nôl. Doedd Mam ddim yn disgwyl fy ngweld, felly ni chafodd y cyfle na'r amser i sychu'r dagrau o'i llygaid. Anodd, weithiau, yw dygymod â newidiadau bywyd.

Ar y noson gyntaf, fe wnaethom letya yng Ngresffordd ger Wrecsam lle bu tanchwa fawr yn 1934, trychineb a laddodd dros 200 o lowyr. Mae pris glo wedi bod yn uchel erioed. Gadawsom yn gynnar am Gaer lle ffarweliodd Nhad a John y Banc â mi a dychwelyd am Landyfrïog. Daliais innau'r trên am Wakefield. Wrth deithio, gwelwn fod yr olygfa'n debyg i'r Rhondda gyda mwg a budreddi ymhobman. Lle digon diflas oedd Manceinion, lle'r oeddwn i newid trên. Yn anffodus cyrhaeddais ben anghywir y lein a bu'n rhaid i mi gerdded dwy filltir, yn cario bagiau trwm, er mwyn cyrraedd yr orsaf briodol.

O'r fan honno cludodd y trên fi i orsaf Eastgate ger Wakefield, gryn bellter o'r carchar. Roedd hi braidd yn hwyr yn y prynhawn pan gyrhaeddais Garchar Ei Fawrhydi yn Wakefield – lle tywyll, digysur gyda dau floc o adeiladau uchel o boptu'r prif borth. Hon oedd yr adran hyfforddi.

Wrth i mi gyrraedd porth y carchar, gwelwn swyddog trwsiadus yn sefyll yno. Archwiliodd fy mhapurau ac arweiniodd fi i mewn i stafell aros lle'r eisteddai'r ymgeiswyr eraill. Cyrhaeddodd mwy a mwy ohonynt a dosbarthwyd ni i wahanol stafelloedd y rhan o'r adeilad a ffiniai â'r brif fynedfa. Yno yr oeddem i aros dros y deng wythnos yr oedd y cwrs prawf i bara.

Carchar ar gyfer 'sêr', sef carcharorion nad oedd wedi bod mewn carchar o'r blaen – neu, hwyrach, rai heb eu dal o'r blaen – oedd Wakefield. Roedd yno 500 o ddynion o bob oed. Roedd disgyblaeth yn llym, ond yn deg. Yno gallai'r dynion ddysgu gwahanol alwedigaethau. Roedd yno ffatrïoedd mawr, digon tebyg i felinau gwlân Swydd Gaerhirfryn, dau weithdy ffowndri a nifer o weithdai eraill. Y syniad oedd y byddai carchardai'r dyfodol yn un berw o ddiwydiant.

Am y bwyd, roedd yn ddigonol i gynnal corff ac enaid y carcharorion. Doedd dim smygu na siarad i fod. Câi'r dynion ymarfer am un awr bob dydd mewn rhesi ar wahân. Cerddai'r cylch allanol yn gyflym, y cylch canol yn arafach a'r cylch mewnol, a oedd ar gyfer yr hen a'r methedig, yn arafach fyth.

Yn 1937, os torrai rhywun y gyfraith, roedd carchar bron yn anochel. Heddiw mae'r Gwasanaeth Prawf yn bodoli, ynghyd â dedfrydau gohiriedig, rhyddhau amodol a rhyddhau diamod. Cyn dyfodiad y dyfarniadau newydd hyn byddem yn cau carchardai ac yn agor capeli. Heddiw mae'n fater o agor carchardai a chau capeli. Mae'n rhaid fod yma wers yn rhywle.

Daethai'r ymgeiswyr o bob rhan o Brydain yn cynnwys Llundain, Ucheldir yr Alban a Chymru. Roedd y mwyafrif yn swyddogion di-gomisiwn o'r gwahanol wasanaethau milwrol ac yn eu plith roedd ambell nyrs a gweithwyr meddygol eraill. Un o'r ymgeiswyr oedd Ronnie Edwards, brawd yr actor a'r digrifwr Jimmy Edwards. Roedd Ronnie wedi bod yn aelod o heddlu Llundain, neu'r Metropolitan, ond yn teimlo yr hoffai gael mwy o gyffro yn ei fywyd. Roedd nifer yn ein plith wedi gwasanaethu yn India, yn cynnwys y Khyber, yn Hong Kong, India'r Gorllewin a mannau pellennig tramor eraill.

Gosodwyd fi mewn stafell gyda thri arall – Jimmy Gleed, cyn-filwr o Fryste; Arthur Wrist, cyn-filwr arall o Lundain a oedd wedi codi i reng Cyrnol ym myddin India, ac Ian McLean, gof o Kingussie yn yr Alban, yr unig ddyn priod o'r pedwar ohonom. Fe wnaethom gymryd at ein gilydd yn hawdd fel grŵp bychan ynghanol criw o hanner cant o swyddogion dan hyfforddiant yn Nosbarth Hyfforddi Rhif 47.

Treuliwyd y diwrnod cyntaf yn setlo i mewn. Yn ffinio â'n hadran ni roedd stafell fwyta eang lle'r oedd y bwyd o'r safon uchaf. Ond ar ôl amser te doedd dim pryd hwyrach i fod, felly fe âi rhai ohonom allan i'r dre am bysgodyn a sglodion. Roedd y bobl leol yn gyfeillgar iawn, a buan y daethom i deimlo'n gartrefol yno.

Ar y bore cyntaf cyflwynwyd ni i'n hyfforddwr, a oedd yn Brif Swyddog. Ystyrid unrhyw un a ddaliai reng mor uchel gyda pharchedig ofn, gan mai ychydig iawn a lwyddai i ddringo mor uchel. Gwisgai ridens aur a gwahanol regalia ar ei lifrai ac ystyrid ef fel rhyw dduw. Ac er ei fod yn ŵr tawel, teimlem yn nerfus yn ei bresenoldeb.

Yn ein hyfforddi roedd yr Uchel Swyddogion Harding, Smith a Higman, ynghyd â hyfforddwr jiwdo a hyfforddwr ymarfer corff. Roedd y naill yn Wregys Du a'r llall yn hanu o Ysgol Ymarfer Corff y Fyddin.

Y Prif Swyddogion (PO) oedd yn gyfrifol am ddarlithoedd ar ddyletswyddau'r carchar, ymagweddu, ymddygiad, rheolau'r carchar a'r gyfraith mewn perthynas â charcharorion. Roedd y rhain yn ddewisedig rai, pobl oedd yn hyddysg yn eu dyletswyddau. Cynhelid anerchiadau dyddiol gan y Llywodraethwr, y Dirprwy Lywodraethwr a'r Prif Swyddog.

Yn ystod yr ail ddiwrnod cychwynnodd yr ymarfer o ddifrif. Roedd y reveille yn blygeiniol a chaem ein dosbarthu i wahanol adrannau o'r carchar yn ein tro i fod yn dystion i ddulliau gweithredu a dysgu'r drefn. Roeddem oll yn ein dillad ein hunain. Roedd hi'n bwysig ein bod ni'n gwisgo hetiau, ond gwaherddid gwisgo capiau.

Ar ôl bod yn dystion i'r gyfundrefn ddatgloi foreol, pan archwilid pob carcharor, fe'n martsiwyd i mewn i'r stafell fwyta. Roedd honno y tu allan i'r carchar a gosodid y byrddau, fel arfer, ar gyfer grwpiau o bedwar. Weithiau cedwid un gadair wag ar gyfer aelod o'r staff. Byddai hwnnw, mae'n debyg, yno i glustfeinio arnom ac i gadw golwg ar ein hymddygiad wrth y bwrdd. Ble bynnag yr aem yn y dre hefyd byddem yn sicr o ddod wyneb yn wyneb ag un o'r staff. Rhaid, felly, oedd ymddwyn yn gywir bob amser.

Ar ôl brecwast, cynhelid darlithoedd pan fyddai gofyn i ni wneud nodiadau. Yn hwyrach, gyda'r nos, byddem yn cofnodi'r ddarlith o'r nodiadau mewn llyfr ysgrifennu. Weithiau byddem yn ysgrifennu hyd berfeddion nos. Rhwng sgyrsiau a darlithoedd, ymarfer corff a jiwdo, dyletswyddau gwaith a'r pryd olaf tua 5.30 doedd dim amser hamdden. Ond roeddwn i wrth fy modd a theimlwn mai hyn oedd fy ffawd.

Bob dydd dewisid un ohonom fel Swyddog Dyletswyddau gyda'r cyfrifoldeb o ymweld â'r gegin yn gynnar i sicrhau fod popeth mewn trefn. Carcharorion oedd y cogyddion, rhai ohonynt â phrofiad y tu allan fel cogyddion gwestyau tair a phedair seren. Byddai'r Swyddog Dyletswyddau hefyd yn gofalu am y post, yn rhannu llythyrau ac yn ateb y teleffon. Gyda'r nos rhaid oedd i ni fod yn ein stafelloedd erbyn un-ar-ddeg, a châi enw unrhyw un fyddai'n hwyr ei gofnodi yn y llyfr cofrestru.

I'r rheiny oedd â phrofiad milwrol, doedd y dyletswyddau hyn ddim yn anodd. Ond, i rai fel fi, gosodent her arbennig. Roedd yr holl beth yn ddieithr i mi – arferion gwahanol, gwlad wahanol, iaith wahanol, hyd yn oed.

Gwyddwn o'r dechrau fod y Llywodraethwr yn disgwyl disgyblaeth berffaith. Ond roedd e'n uchel ei barch am ei degwch. Ei gyfenw oedd Williams. Fe'i clwyfwyd yn ddrwg yn y Rhyfel Mawr pan falwyd ei goesau gan fwledi. Cerddai'n debyg i Douglas Bader, y peilot enwog o'r Ail Ryfel Byd. Adwaenid Capten Williams fel 'peg-leg'. Eto i gyd roedd e'n ddyn heini ac yn un da am adnabod pobl.

Roedd e'n ysmygwr trwm ac yn aml fe ddanfonai pwy bynnag fyddai'n Swyddog y Dydd i siop dybaco arbennig yn y dre i nôl deugain o sigaréts ar ei ran. Gan fod y dre gryn bellter i ffwrdd, cymerai hyn dipyn o amser. Ond roeddwn i'n barod amdano – prynais ddeugain o sigaréts ymlaen llaw, a phan ddaeth fy nhro i fod yn Swyddog y Dydd, cymerais fy amser cyn galw yn ei dŷ gyda'r ffags. Fe'i synnwyd gan y gwasanaeth prydlon, a holodd fy enw a'm cefndir.

Roedd ganddo enw fel dyn swta, ond fe'i cefais i'r gwrthwyneb. Byddai ein llwybrau'n croesi droeon eto yn y dyfodol. Hanai o Henffordd ac roedd e'n hoff iawn o gathod. Gwyddai pawb ohonom yn y Coleg, y byddem, o anwesu'r gath a orweddai bob amser mewn basged ar ei ddesg, yn cael ein derbyn yn haws ganddo.

Ar un o'r ffurflenni wrth i mi ddanfon fy nghais roeddwn i wedi nodi fy hoffter o saethu a physgota. A phan gefais gyfweliad â Chapten Williams fe'm cadwodd i siarad am tua awr am blu pysgota ac am ddrylliau a chetris. Roedd diddordeb y mwyafrif o'm cydymgeiswyr mewn pêl-droed neu rygbi. Ond dyn dryll a gwialen oedd ef, ac wedi'r cyfweliad hwnnw teimlwn i mi ychwanegu pluen arall yn fy het.

Fe aeth yr hyfforddiant yn galetach ac fe gaem ein

goruchwylio gydol yr amser. Roedd gennym gymaint i'w wneud fel mai anodd iawn fyddai cael gorffwys cyn hanner nos. O fethu â chwblhau dyletswyddau un diwrnod, amhosib fyddai dal i fyny. A byddai methiant o'r fath yn cyfrif yn erbyn rhywun.

Un noson, a minnau'n Swyddog ar Ddyletswydd, fe ddigwyddodd rhywbeth anarferol iawn. Wrth archwilio rhestr enwau fy nghydymgeiswyr am un-ar-ddeg o'r gloch dyma sylweddoli fod dau yn absennol, y naill yn Albanwr a'r llall yn Llundeiniwr. Penderfynais oedi am ychydig. Cyngor rhai o'r dynion oedd i mi hysbysu'r awdurdodau o'u habsenoldeb. Golygai hynny y câi'r ddau eu danfon adre ar fyrder. Petai'r awdurdodau'n canfod fy methiant innau i lynu at y rheolau, adre y cawn innau fynd. Ond doeddwn i ddim am weld y ddau'n dioddef, felly mentrais oedi. Cyrhaeddodd y ddau am dri o'r gloch y bore ac ni fu'r awdurdodau ddim callach. Fe gymerais gambl beryglus, ond o wneud hynny fe enillais barch fy nghydymgeiswyr.

Aeth pythefnos heibio ac yna fe'm galwyd i'r Brif Swyddfa, lle holwyd fi am fy oedran. Ar fy ffurflen gais roeddwn wedi nodi fy mod i'n bedair ar hugain oed. Mewn gwirionedd, roeddwn i flwyddyn yn iau. Ni theimlwn fy mod wedi camarwain yr awdurdodau. Ond yn 1937, yr oedran priodol ar gyfer derbyn y fath hyfforddiant oedd pedair ar hugain. Syrthiais ar fy mai ar unwaith. Ond fe ystyriwyd yr hyn a wnes fel trosedd ddifrifol a chefais orchymyn i gadw draw o bob darlith ac ymarfer tra byddai'r Swyddfa Gartref yn ymchwilio i'r mater. Yr unig adegau y cawn ymuno â'r ymgeiswyr eraill oedd amser bwyd.

Roedd hwn yn gyfnod tywyll. Yn wir, torrais fy nghalon o feddwl y gallai'r dyddiau da fod ar ben. Y farn gyffredinol oedd mai adre y cawn fynd. A gofidiwn am ymateb y bobl leol yn Llandyfrïog. Byddent yn sicr o amau'r gwir gan feddwl mai fi oedd wedi methu, gan roi'r ffidil yn y to.

Roedd bywyd yn uffern. Aeth dau ddiwrnod heibio, dau ddiwrnod o wylio fy ffrindiau yn cofnodi darlithoedd ac yn rhannu'u profiadau. Teimlwn yn gwbl unig. Erbyn y trydydd diwrnod teimlwn fod y cyfan ar ben. Yna, ddiwedd y prynhawn, galwyd fi i'r Brif Swyddfa lle safai'r Prif Swyddog Smith. Gosododd ei law ar fy ysgwydd. 'Lewis,' meddai, 'medrwch ailgydio yn eich dyletswyddau.' Llamodd fy nghalon a dychwelais i'r Adran Hyfforddi i gofnodi'r darlithoedd coll.

Yn ystod fy nghyfnod yn y Gwasanaeth Carchardai deuthum ar draws un achos tebyg. Yn ddieithriad, bron, câi person a ffugiodd ei oedran ei ddiarddel ar unwaith, ond fe fûm i'n ffodus. Yn ystod tridiau o uffern, dysgais beth oedd ystyr unigrwydd.

Fe ddaeth hi'n hanner-tymor, gyda phedwar diwrnod o ryddid. Amhosib fyddai teithio'n ôl ac ymlaen i Sir Aberteifi mewn cyfnod mor fyr, felly penderfynais aros yn Wakefield. Yn y cyfamser gwrthodwyd deg ymgeisydd wedi iddynt fethu â chyrraedd y safon angenrheidiol. Teimlais drostynt i'r byw. Gall bywyd fod yn galed.

Derbyniais adroddiad hanner-tymor ffafriol gan gyrraedd y safon angenrheidiol mewn ymarfer corff a jiwdo, ac roedd fy nghanlyniadau eraill hefyd yn uwch na'r disgwyl. Felly hefyd y cyfweliad. Erbyn hyn teimlwn yn llawer mwy hyderus.

Câi carchardai'r cyfnod eu hadeiladu ar ffurf olwyn cert. Yn y cylch allanol ceid gweithdai amrywiol, cyrtiau ymarfer a thoiledau. Yn arwain o'r brif fynedfa arweiniai coridor at ail borth, wedi'i lunio o ddur. A thu hwnt i hwnnw safai'r fynedfa i'r carchar ei hun. Mewn neuadd hirsgwâr, ceid nifer o swyddfeydd, yn cynnwys y Swyddfa Gyffredinol a Disgyblaeth, swyddfeydd y Rheolwr a'i Ddirprwy, y Stiward a'r Caplan. Heddiw does dim Stiward. Fe'i disodlwyd gan Swyddog Gweinyddol. Ac mae gan hwnnw nifer o swyddogion clerigol a gweithredol dan ei ofal. Heddiw hefyd ceir adrannau llesiant a ffisioleg, ond mwy o ddrwgweithredwyr nag erioed.

Arweiniai'r neuadd at ganol y carchar. Oddi yno ymestynnai esgyll fel sbôcs mewn olwyn, pob un wedi'i enwi yn ôl yr wyddor. Mae maint carchar yn dibynnu ar nifer yr esgyll.

Byddai pob asgell yn cynnwys pedwar llawr gyda hanner cant o gelloedd ar bob llawr, a phob cell wedi'i rhifo. Hawdd i ni, felly, oedd gwybod lle safai A3-37, er enghraifft.

Byddai pob cell yn ddigon mawr i ddal un carcharor a byddai gan bob carcharor gloch larwm i alw am gymorth mewn cyfyngder. Y tu allan i bob cell ceid hysbysfwrdd. Ar y gwahanol fyrddau hyn cofnodid y marciau a enillai carcharor cyn ei ryddhau, ynghyd â'r manylion am ei drosedd a'i ddedfryd. Nid yw'r drefn hon yn bodoli bellach.

Byddai carcharor yn cyfarch aelod o'r staff fel 'Syr' neu 'Mr'. Ni châi ddefnyddio enw bedydd y swyddog. Byddem ni yn eu cyfarch hwy yn ôl wrth eu cyfenw a chariai pob un ei rif personol.

Yn ystod ein cyfnod prawf, prin iawn fyddai ein cysylltiad â'r carcharorion. Fe'n rhybuddid i beidio â bod yn rhy gyfeillgar, i beidio â chynnig unrhyw rodd neu ffafr ac i beidio mynd ag unrhyw beth allan ar eu rhan. Ystyrid cyfnewid neu fasnachu fel trosedd ddifrifol iawn a châi unrhyw swyddog a geid yn euog o'r fath drosedd ei ddiswyddo ar unwaith a hwyrach ei garcharu.

Clywsom am swyddog ifanc diniwed a dwyllwyd gan garcharor cyfrwys. Doedd ganddo, meddai, ddim stamp ar gyfer danfon llythyr at ei fam oedrannus a gwael yn Leeds. Tosturiodd y swyddog wrtho a phostio'r llythyr ar ei ran. Yna dyma'r carcharor yn dweud yr holl hanes wrth Uwch Swyddog. Cafodd y swyddog druan ei ddiarddel yn ddiymdroi.

Weithiau, er mwyn ysgafnhau'r pwysau, caem ein danfon i wahanol fannau. Un o'r rhain oedd carchar Leeds, y carchar caletaf yn y gogledd. O fynd yno gwelsom fod Wakefield yn nefoedd o'i gymharu â hwn. Cawsom ymweld â Brawdlys Leeds hefyd a chael ein synnu gan rai o'r dedfrydau llym a'r modd y byddai ambell un a ddedfrydwyd yn rhegi'r Barnwr cyn cael ei alw'n ôl a'i gosbi'n drymach fyth.

Cawsom ymweld â charchardai Caer Efrog a Tadcaster. Tra oeddem yn Tadcaster cawsom alw mewn bar. O ran yfed alcohol, cymedroldeb oedd y gyfrinach. Yn Tadcaster hefyd, gofynnwyd i ni gymryd rhan mewn cyngerdd. Rhaid oedd naill ai ganu, adrodd, chwarae'r piano neu ddweud stori. Dewisais ganu 'The Rose of Tralee' a 'Carry Me back to Old Virginy'. Daeth fy mhrofiad gyda'r Black and White Minstrels o dan hyfforddiant Mrs Pattie Morris yng Nghastellnewydd i'r adwy!

Aeth yr amser yn ei flaen a dwysaodd y profion. Prawf creulon ar y naw oedd y prawf jiwdo, ond rhaid oedd dangos fy mod yn ddigon abl. Doedd dim lle i fabis. Beth bynnag, ar ddiwedd y profion llwyddais i gyrraedd Gradd 'B'.

Dyma'r cyfnod pan ddysgais na ddylwn gredu popeth a adroddai'r papurau newydd. Yn y carchar roedd carcharor ifanc, George Pugh o Durham. Gwnaethai gytundeb gyda'i gariad i gyflawni hunanladdiad. Penderfynodd y ddau neidio i'r afon a boddi. Bu farw hi ond achubwyd ef. Yn unol â Chyfraith Lloegr roedd e'n euog o lofruddio ac fe'i carcharwyd am oes.

Llanc syml ei feddwl oedd George a thros gyfnod o flynyddoedd bu cryn ddeisebu dros iddo gael ei ryddhau. Yn annisgwyl, o ystyried y cyfnod, cytunodd yr awdurdodau a symudwyd ef o garchar Parkhurst i Wakefield, fel y byddai'n agosach at ei gartref ar gyfer ei ryddhau.

Gorchmynnwyd i'r Rheolwr ei ryddhau ar y noson cyn y dyddiad penodedig, a gadawodd Wakefield yn ddirgel drwy'r drws cefn. Y bore wedyn cyhoeddodd y papurau tabloid fod cannoedd o bobl y tu allan i'w groesawu a bod y Rheolwr wedi ysgwyd ei law wrth iddo ymadael. Siglwyd fy ffydd yn y wasg. Yn ddiweddarach deuwn i ddarllen llawer mwy o gelwyddau yn y papurau.

Wrth i'r cwrs nesáu at ei derfyn, mesurwyd ni ar gyfer lifrai. Er hynny, doedd dim sicrwydd y byddem yn llwyddiannus. A gwyddem hyd yn oed os byddem yn llwyddiannus y byddai cyfnod arall o brawf yn ein haros.

Gwawriodd yr ofnadwy ddydd. Martsiwyd ni i gwrt canol y carchar. Yna galwyd enwau ugain o'n plith. Credai'r gweddill ohonom mai'r rhain oedd y rhai llwyddiannus. Ond na, y gwrthwyneb oedd yn wir. Galwyd enwau'r gweddill ohonom bob yn un a'n martsio i swyddfa'r Rheolwr. Fe'n llongyfarchodd. Ac wrth iddo ysgwyd fy llaw hysbysodd fi i fod yn bresennol yng Ngharchar Wandsworth ar Ragfyr 17, 1937. Diolchais iddo, a'i saliwtio, a chefais fy martsio yn ôl i'r canol. Roedd gennym wedyn bedwar diwrnod o ryddid ac euthum ati i baratoi.

Deallais wedyn y byddai chwech ohonom yn mynd i Wandsworth, y carchar caletaf o'i fath ym Mhrydain.

PASTWN, CHWISL A CHADWYN

Teimlwn yn hynod falch wrth gyrraedd adre gyda'm lifrai yn fy mag. Ond unwaith eto rhaid oedd talu'r pris am fyw mewn man mor anghysbell. Ni theithiai'r trên ymhellach nag Abertawe. Yn ffodus, cefais lety dros nos gyda chyfaill a oedd yn byw yn Nhreforys. Ei fwriad oedd mynd i Pentonville, ond fel nifer o ymgeiswyr, methodd ei brawf.

Treuliais ychydig ddyddiau hapus yn Danwarren, ond ni fedrwn dreulio Dydd Nadolig yno. Rhaid fyddai gadael erbyn Rhagfyr 17, a doeddwn i erioed wedi bod yn Llundain o'r blaen.

Taith ddiflas fu honno i brifddinas Lloegr. Roedd hi'n niwlog, a'r tywydd yn adlewyrchu fy nyfodol innau. Canai'r trên yr un hen gân drosodd a throsodd – 'Ddoi-di-byth-'nôl. Ddoi-di-byth-'nôl'. Ac wrth iddo groesi'r pwyntiau teimlwn ei fod yn chwerthin ar fy mhen.

Roedd hi'n hwyr y nos pan gyrhaeddais orsaf Paddington. Ond er mawr syndod i mi, yno yn fy nisgwyl safai hen ffrind o Wakefield, Gus Gearing, un o'r ddau yr achubais eu crwyn wedi iddynt gyrraedd yn hwyr. Yn amlwg teimlai Gus ei fod yn fy nyled gan iddo drefnu lletu i mi gyda'i fam-yng-nghyfraith yn Tooting. Roedd hyn ymhell o'r carchar, felly, ymhen mis, symudais yn nes at Wandsworth.

Roedd yr olygfa gyntaf a gefais o garchar Wandsworth yn ddigon i rewi fy ngwaed. Yn dilyn y ddefod arferol o archwilio fy mhapurau ac ati, danfonwyd fi i'r Ganolfan at y Prif Swyddog a gâi ei adnabod fel y Centre PO. Ef oedd yn gyfrifol am drefnu dyletswyddau'r gofalwyr, symud carcharorion, gofalu am y clychau larwm ac yn y blaen. Gwisgwn fy nillad fy hun a chyfarchais ef gyda salíwt. Syllodd braidd yn sarrug arnaf. 'Dydw i ddim eisiau pobl mewn dillad-bob-dydd yma,' meddai. 'Ewch allan a dewch yn ôl mewn lifrai.' Ar ôl teithio mor bell teimlwn braidd yn drist gydag agwedd y swyddog. Ond ufuddheais. Pan ddychwelais roedd y Prif Swyddog mewn hwyliau gwell. 'Cer 'nôl i dy lety, 'machgen i,' meddai, 'a thyrd 'nôl fory.'

Y bore wedyn wynebai chwech ohonom Uwch Swyddog. Ei neges fawr i ni oedd na ddylem fyth ymddiried mewn unrhyw un a wisgai ddillad llwyd. Hynny yw, carcharorion. Ychwanegodd y dylem anghofio popeth y gwnaethom ei ddysgu yn Wakefield. Doedd neb yno yn gwybod beth oedd carchar, meddai. Aeth ymlaen i ddweud y dylem fynd ag unrhyw broblem at Uwch Swyddog Gradd 2. Roedd ef ei hun yn Radd 1. Gwyddwn fod problemau ar y gorwel.

Cawsom bob un bastwn, chwisl a chadwyn allweddi, ynghyd â llawlyfr rheolau a gorchmynion. Dynodai'r pastwn ein bod mewn lle peryglus ac fe wnâi'r chwisl ein hatgoffa y byddai arnom, o bryd i'w gilydd, angen help. Ymddangosai na fyddai bywyd heb ei gyffro.

Yn ystod y cyfnod hwn roedd Wandsworth yn garchar i bob math o garcharorion. Roedd rhai carcharorion tymor-hir wedi cymryd rhan mewn terfysg yn Dartmoor. Yno hefyd ceid rhai oedd yn dueddol o lithro'n ôl i arferion drwg, y rhai a oedd i mewn ac allan yn rheolaidd. Tueddai rhai i fod ar ffiniau torcyfraith, eraill yn dioddef o salwch meddyliol ac yn disgwyl cael eu trosglwyddo i Broadmoor. Dioddefai rhai o'r ddarfodedigaeth, neu'r dicléin, eraill o glefydon rhyw. Roedd yno rai yn eu henaint a oedd wedi treulio oes yng ngharchar, a dynion ifanc wedi graddio o Borstal. Amrywiai'r boblogaeth rhwng mil a mil a hanner. Roedd yno ysbyty sylweddol ei faint wrth law a nifer o weithdai amrywiol.

Un o brif anawsterau carchar mor fawr oedd y ffaith y byddai, ddwy awr wedi i'r carcharorion olaf adael i ymuno â'u grŵp, yn amser i ddechrau eu galw i mewn ar gyfer eu pryd bwyd canol-dydd. O ganlyniad, fe weithiai rhai am gyn lleied â phedair awr y dydd.

Medrai cyflogaeth godi pob math o anawsterau pan oedd cynifer o'r boblogaeth y tu allan yn ddi-waith. Cynhyrchid nwyddau yn y carchar y gellid bod wedi eu cynhyrchu ar y tu allan mewn ffatrïoedd a oedd yn segur. Ond roedd hwn yn fater gwleidyddol, ac o'r herwydd ni châi ei drafod.

Yn 1937, ein horiau gwaith oedd 96 bob pythefnos gyda thair shifft o 6.10 y bore hyd 6.10 yr hwyr, 6.30 y bore hyd 12.30 y prynhawn a'r shifft hwyr o 1.00 y prynhawn hyd 9.15 y nos. Cyflogid swyddogion dros-dro fel gwylwyr nos, llawer ohonynt yn gyn-blismyn o'r Met.

Roedd yno un Rheolwr Gradd 1, tri Dirprwy ac un Llysfeistr yn gofalu am garcharorion o Borstal a oedd wedi aildroseddu. Roedd yno Brif Swyddog Gradd 1 a Phrif Swyddog Gradd 2 gyda rhyw wyth Uwch Swyddog, Uchel Swyddogion a thua 120 o Swyddogion. Rhoddwyd y gorau i'r gair *warder*, neu warcheidwad, flynyddoedd yn ôl.

Mae'r bobl hynny sydd heb wybodaeth fanwl am garchar yn credu fod carcharu rhywun mor syml â'i gloi i fyny a'i anghofio. Ond mae'r drefn sy'n wynebu troseddwr pan fo'n wynebu carchar yn un enfawr. Mae'r gwaith papur ei hun yn anferthol. Cred y cyhoedd mai dim ond un pwrpas sydd mewn carcharu, sef diwygio'r troseddwr. Ond fedrwch chi ddim diwygio rhywun os nad yw ef ei hun yn dymuno cael ei ddiwygio. Pan gâi troseddwr ei ddedfrydu gan Ynadon neu Farnwr, câi'r heddlu neu swyddogion carchar eu hymrwymo, ochr yn ochr ag enw'r troseddwr, y dyddiad, a'r ddedfryd, i ddwyn y person dan sylw i'r carchar penodedig lle'r oedd Rheolwr penodedig i'w gadw'n ddiogel. Doedd dim sôn am ddiwygio. Dyna oedd y gyfraith.

Câi wedyn ei ddwyn i'r ganolfan dderbyn, lle câi ei eiddo a'i arian, os oedd ganddo arian, eu harchwilio a'u cofnodi. Yna câi ei archwilio'n fanwl gan feddyg. Wedyn fe'i danfonid i ran benodedig o'r carchar lle derbyniai gopi o Reolau'r Carchar, ffurflenni apêl a'i holl anghenion ar y pryd. Y bore wedyn câi ymddangos o flaen pwyllgor yn cynrychioli llesiant, y Caplan a Bwrdd y Carchar a'i gynghori ar unrhyw anhawster oedd yn ei boeni. Yna câi ei ddewis ar gyfer Grŵp Gwaith.

Ond dim ond dechrau oedd hyn. Yn ystod ei benyd rhaid

oedd i fanylion carcharor gael eu nodi ar ddwsinau o ffurflenni cyn y câi ei ryddhau. Roedd nifer o droseddau, er enghraifft, yr oedd mewn perygl o'u cyflawni yn ystod ei benyd. Câi ei hysbysu o'r rhain. Darperid tystiolaeth gan swyddog a châi'r carcharor yr hawl i ateb drwy gyfaddef neu wadu'r troseddau perthnasol.

Yn ystod fy ngwasanaeth i roedd un gosb yn golygu byw am nifer penodedig o ddyddiau ar fara a dŵr. Rhoddwyd y gorau i hynny. Ar y llaw arall, gellid cwtogi hyd y ddedfryd am ymddygiad da. Ond gallai'r Rheolwr ddwyn nifer penodedig o ddyddiau yn ôl fel cosb. Mewn achos o drosedd ddifrifol, y Bwrdd Ymwelwyr fyddai'n gyfrifol am weithredu.

Nid y carcharorion yn unig a gâi eu disgyblu. Derbyniai'r swyddogion yr hyn a elwid yn hanner-tudalen fel rhybudd, a byddai derbyn pedwar rhybudd o fewn blwyddyn yn golygu wynebu Comisiynydd a derbyn rhybudd pellach mwy difrifol. Pe digwyddai eto yn y tymor byr gallai diswyddo ddilyn. Ystyrid diffyg prydlondeb, er enghraifft, yn drosedd ddifrifol. Ni dderbynnid unrhyw esgus dros fod yn hwyr ar gyfer shifft. Yn ystod y tair blynedd ar ddeg ar hugain y bûm yn swyddog, ni fûm yn hwyr unwaith.

Gyda'r holl reolau, gallai nerfau rhywun fynd yn rhacs. Yr unig gysur oedd na fedrem gael ein saethu. Teimlai hyd yn oed cyn-filwyr a oedd wedi gwasanaethu yn India fel swyddogion di-gomisiwn fod y gyfundrefn yn rhy galed ac fe ymddiswyddodd nifer ohonynt.

Cafwyd enghraifft o lanc ifanc a fu'n forwr, ac a oedd wedi cyrraedd y rheng o Brif Swyddog yn y Llynges, yn cael ei ddiswyddo. Ei drosedd oedd saliwtio'r Dirprwy Reolwr, Peyton Walsh, yn null y Llynges yn hytrach nag yn y dull cydnabyddedig. Fe'i galwyd yn ôl gan y Dirprwy Reolwr a'i orchymyn i saliwtio'n gywir y tro nesaf. Roedd hyn yn ormod i'r swyddog ifanc. 'Os oedd fy salíwt yn ddigon da i Ddug Battenburg, fe ddylai fod yn ddigon da i chi,' meddai. Roedd hyn yn gyfystyr â haerllugrwydd ac fe'i diswyddwyd. Dug

Battenburg, gyda llaw, oedd tad Iarll Louis Mountbatten.

Mae carchar yn lle rhyfedd. Mae'n cynnwys llawer o garcharorion na ddylent fod yno. Ar y llaw arall mae'n cynnwys llawer na ddylent fyth gael eu rhyddhau. Ac mae llawer y tu allan a ddylai fod y tu mewn.

Fe'n dysgwyd i beidio byth ag anghofio ein bod ni'n ymwneud â rhai troseddwyr diedifar. Mewn cymdeithas drefnus mae'n rhaid wrth ryw ffurf ar garchar fel cyfrwng i atal troseddu. Credai Jeremy Bentham, y diwygiwr carchar, fod ymddygiad pobl yn cael ei reoli gan ddwy ffactor – y tueddiad at bleser a'r cilio rhag poen corfforol.

Unwaith fe'n hanerchwyd gan Archesgob Caer-gaint. Byrdwn ei neges oedd fod pob troseddwr yn unigolyn, yn berson ar wahân ac yn unigryw. Byddai rhai'n faleisus a chyfrwys, a hyd yn oed yn dreisgar, rhai'n ffôl ac yn annigonol. A llawer yn ddim byd amgenach na phobl gyffredin. Rhaid, meddai, oedd eu derbyn am yr hyn oeddynt, a hynny gyda goddefgarwch tawel a hiwmor – a heb emosiwn er ein bod, ar brydiau, yn gorfod dioddef yr annioddefol. Roedd traed yr Archesgob yn solet ar y ddaear.

Cefais fy nghyfrifoldeb cyntaf ar lawr D3 yng nghwmni Uwch Swyddog, Jim Jelly, cyn-lywiwr morwrol ar afon Plate yn Ne America. Dyn tawel oedd Jim, yn fawr ei barch a bob amser yn hunanfeddiannol. Yn ein hadran ni roedd tua hanner cant o garcharorion, dynion o bob oed a oedd wedi cyflawni pob math o droseddau. Roedd y mwyafrif ohonynt wedi graddio o ysgolion gwarchod a Borstal, dynion gwydn a pharod i sylwi ar unrhyw wendid ynom.

Roeddwn i'n benderfynol o fod yn deg a chywir ac o wrthod ildio pe deuwn wyneb yn wyneb â charcharor treisgar. Y gyfrinach oedd cadw fy hun ar fy nhraed rhag i mi gael fy nghicio. Roedd iaith yr is-fyd troseddol yn gwbl ddieithr i mi ac roedd rhai o'r carcharorion yn feistri ar y Cockney *back slang*. Byddai *carpet* yn golygu tri mis. Golygai *half a stretch* chwe mis. Roedd *stretch* yn ddeuddeg mis a *lagging* yn dair blynedd. Ceid geiriau eraill fel *pouffe*, a olygai wrywgydiwr, *ponce* wedyn am un a oedd yn byw ar enillion anfoesol, *grass*, oedd yn golygu un a gariai glecs. A *fence*, un a oedd yn barod i dderbyn nwyddau wedi'u dwyn.

Roedd yna brinder staff yn Wandsworth, a chawn fy nhaflu i'r pen dwfn yn aml. Ar fy niwrnod cyntaf yn goruchwylio'r carcharorion yn ymarfer, cymerais fy lle ar slab o goncrid tua throedfedd a hanner o'r llawr. Doedd dim siarad i fod, a'r carcharorion i gerdded mewn rhes gyda chwe throedfedd rhwng pob un. Sylwais fod un carcharor yn arbennig yn fy herio. Digwyddodd hyn fwy nag unwaith a gwyddwn ei fod e'n rhoi prawf ar fy niffyg profiad. Felly dyma roi cerydd iddo. Heb unrhyw rybudd, neidiodd i fyny ar y slab gan weiddi: 'Fe wthia i bìn yn dy lygad di, y bastard Cymro'. Cedwais fy synhwyrau gan syllu i fyw ei lygaid. O'r diwedd, neidiodd i lawr ac aeth ymlaen â'i gerdded. Nodais y digwyddiad yn fy adroddiad i'r Rheolwr a derbyniodd y troseddwr y gosb lawn o dridiau ar fara a dŵr a cholli saith niwrnod o leihad o'i ddedfryd.

Weithiau methai carcharor ddal y pwysau gan fynd ati i greu gwarchae yn ei gell. Doedd yr awdurdodau ddim yn barod i oddef y fath ymddygiad herfeiddiol. Byddai celfi'r gell yn ddelfrydol ar gyfer creu gwarchae, ac o'u gosod yn iawn doedd yna'r un grym ar wyneb y ddaear a allai agor drws y gell. Rhaid wedyn fyddai gwacáu'r gell drws nesaf a chael peiriannwr i dorri drwy'r wal. Weithiau fe ildiai'r carcharor yn wirfoddol. Bryd arall fe ymladdai.

Doeddwn i ddim wedi bod yn Wandsworth yn hir iawn cyn i mi glywed yr alwad 'everybody away'. Aethpwyd ati i gloi i fyny bob carcharor oedd y tu allan i'w celloedd. Roedd hi'n bwysig nad oedd yno unrhyw un yn dyst os âi pethau o le.

Ar y pryd roeddwn i ar Asgell 'C' a oedd yn ffinio ag Asgell 'D' ac euthum rownd y gornel i weld yr holl gyffro. Sylwodd yr Ail Brif Swyddog arnaf a gorchmynnodd imi gynorthwyo. Y tu allan i'r gell lle'r oedd y gwarchae sylwais fy mod i'n bedwerydd yn y rhes. Cyn hir, diolch i ddiffyg profiad, fi oedd yr ail.

Y tu mewn roedd un o'r carcharorion caletaf yn Wandsworth, Mike Dudley. Aethai ati i finiogi ei gyllell fara fel arf. Er gwaethaf hyn, i mewn â ni i'w gell. Roedd Dudley yn barod amdanom. Torrodd archoll ddofn ym mraich fy nghydswyddog, ond llwyddasom i'w drechu a'i symud i gell gadarn. Doeddwn i ddim erioed wedi gweld unrhyw un mor ffyrnig, ond bu'r profiad yn un buddiol. Hwn oedd fy mhrofiad cyntaf o weld colli gwaed.

Disgrifid cell fel cell gadarn am fod iddi ddau ddrws. Golygai hynny y gallai carcharor afreolus weiddi a sgrechian drwy'r dydd heb darfu ar heddwch neb. Yn ffodus, fe ddeuai cyfnodau tawelach i'n rhan.

Bryd arall, roeddwn ar ddyletswydd ymhlith cyngarcharorion o Borstal, a oedd wedi torri eu hamodau tra oeddynt allan ar drwydded, pan ymosododd llanc oedd yn cymryd rhan mewn ymarfer corff ar ei hyfforddwr â siswrn agored. Trywanodd un o lafnau'r siswrn benglog y dyn a bu'n rhaid i hwnnw roi'r gorau i'w waith. Dedfrydwyd y carcharor, Hurst, i fywyd yng ngharchar. Gwyddel o'r enw Lewis oedd yr hyfforddwr a phan ddarllenodd fy rhieni mewn papur newydd fod hyfforddwr o'r enw Lewis wedi'i drywanu yn Wandsworth, cawsant gryn fraw.

Byddai carcharorion byth a hefyd yn gwneud pethau arswydus fel llyncu cyllyll, hoelion – unrhyw beth posibl. Cofiaf un, tra oedd yn gwnïo bag post, yn pwytho amrannau ei lygaid i'r bag. Er hynny, yn ystod fy nghyfnod yn Wandsworth ni fu un hunanladdiad.

Yn ystod fy wythnosau cyntaf yn Wandsworth, roeddwn wedi llwyddo i ddod o hyd i lety arbennig o dda yn agos at y brif fynedfa. Er hynny, dyma benderfynu symud i mewn i'r carchar a byw yng nghell y crogwr. Roedd hon yn stafell eang a gâi ei chadw'n arbennig ar gyfer y dienyddiwr pan alwai hwnnw ar dro. Yno y treuliai'r noson cyn crogi rhywun.

Byddai'n gwbl ddiogel yno rhag unrhyw ymosodiad neu herwgipiad. Roedd pob cyfleustra yno ar fy nghyfer, ond rhaid oedd i mi fod i mewn erbyn naw bob nos – trefn a oedd ychydig yn drafferthus ar brydiau. Symudais allan wedyn i Battersea gyda chyd-weithiwr, Ted Thomas o Bontypridd, un a ddaeth yn gymydog i mi wedyn tan ei farwolaeth yn 1996.

Profiad anodd arall oedd bod ar ddyletswydd yn y gweithdai. Byddai gofyn i mi weithredu fel Swyddog Disgyblaeth. Golygai hynny eistedd ar gadair uchel gyda chloch larwm wrth law. Ond byddai'r fath ddyletswydd yn gwneud i chi sylweddoli pa fath o berson oeddech chi wrth gadw tua chant o ddynion yn dawel ac yn gweithio. Unwaith y byddech chi'n ildio, byddai popeth drosodd. Penderfynais, os oeddwn am ddod drwyddi, y byddai'n rhaid i mi fod yn galed. Y deyrnged fwyaf y gall unrhyw swyddog ei derbyn yw ei fod yn 'fastard teg'.

Dro arall fe'm hanfonwyd ar fyrder i weithdy lle na fûm o'r blaen. Sylwais eu bod nhw'n sibrwd ymhlith ei gilydd. Roedd hyn yn groes i'r rheolau, felly gofynnais am dawelwch, yn ôl y ddeddf. Yn sydyn gwelais garcharor – un mawr, cyhyrog – yn nesáu tuag ataf. Edrychodd arnaf braidd yn rhyfedd, ac anodd i mi oedd pwyso a mesur y sefyllfa. Eisteddwn ar y gadair fawr ger y drws gyda'r gloch larwm wrth law. Daeth y dyn yn nes ac yn nes gan glosio at y gadair, rhywbeth a oedd yn drosedd. Sefais yn fy unfan gan geisio bod mor llonydd â phosib. Erbyn hyn, roeddem wyneb yn wyneb â'n gilydd. Cododd un fraich yn araf gan ymestyn tua'r gloch larwm a'i gwasgu. Ymhen eiliadau cyrhaeddodd swyddogion o bob cyfeiriad a chefais fy arwain allan. Deallais wedyn mai carcharorion ar eu ffordd i Broadmoor oedd y rhain, troseddwyr gwallgof. Ni ddylaswn fod wedi cael fy nanfon i'w plith. Dylai fod swyddog ysbyty hyfforddedig yn gofalu amdanynt. Ond fe fedrai pethau felly ddigwydd.

Hyd at Ionawr 7, 1938, cefais f'ystyried gan yr awdurdodau fel Swyddog Dros-dro am fy mod o dan yr oedran penodedig.

O'r herwydd, amddifadwyd fi o fathodynnau ysgwydd. A chan na chefais sefyll yr arholiad Gwasanaethau Sifil yn Wakefield, golygai y cawn ei sefyll yn Wandsworth. Doedd y prawf hwn ddim yn anodd ac yn fuan, mewn parêd llawn, derbyniais y bathodynnau. Yn awr roeddwn yn aelod cyflawn o'r Gwasanaeth Carchardai Seisnig. Dim cyfeiriad, sylwer, at Gymru.

Y dyletswydd mwyaf atgas oedd hwnnw ar doriad dydd, yr archwiliad pastwn a chwisl yn dilyn y parêd boreol. Byddwn yng ngofal y llawr a neilltuwyd ar fy nghyfer, yr un llawr fel arfer, lle roedd tua hanner cant o garcharorion. Byddai dau ohonom ar ddyletswydd, os byddem yn lwcus, un bob ochr yn edrych drwy'r tyllau sbio yn nrysau'r celloedd. Roedd y rhain y tu ôl i ddisgiau a rhaid fyddai gwthio'r disgiau i'r naill ochr cyn medru sbecian drwy'r tyllau. Weithiau byddai carcharor yn taenu margarîn dros wydr y tyllau a rhaid wedyn fyddai datgloi'r drws heb wybod beth fyddai'n ein hwynebu yr ochr draw.

Yna rhaid fyddai rhyddhau'r carcharorion a chaniatáu iddynt ymweld â'r toiledau a'r tapiau dŵr. Yna câi'r carcharorion eu bwydo. Weithiau câi swyddog blataid o uwd poeth wedi'i daflu i'w wyneb. Yn ddieithriad, byddai'r swyddog yn taro'n ôl. Nid awdurdodau'r carchar, ond yn hytrach y Bwrdd Ymwelwyr, fyddai'n ymchwilio i'r fath ddigwyddiad.

Erbyn hyn roeddwn i'n dechrau magu hunanhyder, ond deuwn i ddeall fod rhywun yn dal i ddysgu gydol ei yrfa. Roeddwn wedi gwneud ffrindiau yn Herne Hill, teulu o Landyfrïog. Roedd Sallie, merch y bûm yn cadw cwmni iddi am nifer o flynyddoedd, wedi symud i ogledd Llundain i weithio fel nyrs yn ysbyty'r North Western. Medrem, felly, gyfarfod yn rheolaidd, ac yng nghwmni Ted Thomas llwyddasom i ganfod lojins da iawn yn Battersea. Buan y deallais fod merched Cymru yn well cogyddion na rhai Llundain. Byddem yn ymweld â Hyde Park bob nos Sul ac yn canu nerth ein pennau yn y Gornel

Gymreig. Mae'r arferiad hwn, fel llawer un arall, wedi darfod bellach. Erbyn hyn teimlwn lai o hiraeth, ond byddwn yn dal i feddwl am hyfrydwch Dyffryn Teifi, am y pysgota ac am hen ffrindiau rhadlon.

Un prynhawn, tra oeddwn ar ddyletswydd, clywais fy enw'n cael ei gyhoeddi o'r brif ganolfan. Yno roedd y Prif Swyddog yn disgwyl amdanaf. Gofynnodd i mi fynd gydag ef i Asgell 'E', lle'r oedd cell y condemniedig. Fy ngwaith fyddai dirprwyo dros swyddog arall am hanner awr. Roedd popeth yn dawel a'r swyddog arall oedd ar ddyletswydd wrthi'n chwarae gwyddbwyll gyda'r carcharor a oedd i'w grogi. Fe fu hon yn hanner awr hir gyda phawb yn teimlo'n rhy annifyr i siarad.

Câi'r swyddogion bryd hynny ymuno mewn gwahanol chwaraeon gyda'r condemniedig. Câi un ymuno yn y gêmau tra oedd y llall yn cadw gwyliadwriaeth. Roedd angen hynny gan y gallai'r condemniedig geisio'i ladd ei hun, colli rheolaeth neu droi'n dreisgar. Hwn oedd y tro cyntaf o nifer o achlysuron i mi gyflawni'r dasg hon. Ar y pryd, teimlwn hi'n fraint i gael cyflawni'r fath orchwyl, a minnau ond newydd orffen fy nghyfnod prawf.

Fe fyddai'r cyfnod prawf yn para am flwyddyn, a gallai diwedd y flwyddyn fod yn adeg ofidus iawn wrth i rywun ddyfalu a fu'n llwyddiannus ai peidio. Roedd hyn yn ychwanegu at y pwysau gwaith. Ar ddiwedd fy nghyfnod i gofynnwyd i dri swyddog ymgymryd â thri mis ychwanegol o brawf. Dim ond dau ohonom fu'n ddigon ffodus – cynswyddog yn y Gwarchodlu Albanaidd o Tavistock a minnau.

Byddai dienyddio'n digwydd yn weddol reolaidd yn Wandsworth, y carchar oedd yn gyfrifol am yr ardal i'r de o afon Tafwys. Pentonville oedd yn gyfrifol am yr ardal ogleddol. Ni chyflawnid dienyddio mewn unrhyw garchar arall yn Llundain. Ni wnaf fyth anghofio'r profiad o'r dienyddiad cyntaf i ddigwydd yn ystod fy ngyrfa. Y bore hwnnw, roedd tawelwch mawr dros bobman. Fe barai dienyddiad i ddrwgweithredwyr feddwl yn ddwys. Digwyddai'r crogi am naw y bore, gyda'r crogwr wedi treulio'r noson cynt yn y carchar. Fe'i cynorthwyid gan swyddogion profiadol a weithredai fel hebryngwyr. Ni châi swyddogion a fu'n gwarchod y dyn condemniedig fyth weithredu fel hebryngwyr, hynny am eu bod, mae'n debyg, wedi dod i adnabod y carcharor yn rhy dda. Câi'r condemniedig eu cadw yn y gell dros dri dydd Sul, ac roedd hyn yn caniatáu amser iddynt apelio.

Yn draddodiadol, dydd Mawrth fyddai diwrnod dienyddio, tra byddai'r carcharorion eraill allan yn ymarfer. Ar yr achlysur cyntaf hwnnw, roeddwn ar ddyletswydd yn y cwrt ymarfer y tu allan i'r cwt crogi. Clywais y glep wrth i'r corff ddisgyn – profiad rhyfedd dros ben. Eto i gyd, doedd llofruddio ddim yn rhywbeth cyffredin iawn y dyddiau hynny, ac ychydig iawn o ddrwgweithredwyr fyddai'n cario gwn. Ond yn ystod fy nghyfnod yn Wandsworth, crogwyd nifer o lofruddion. Plismon o Battersea oedd un ohonynt – roedd wedi llofruddio'i gariad.

Ond y ffactor mwyaf annymunol ar fore dienyddiad oedd llais gwraig o'r enw Mrs Violet Van der Elst, ymgyrchydd yn erbyn crogi, drwy'r corn siarad. Byddai rhai'n amau ei chymhelliad. Fel perchennog cwmni Ponds Cold Cream, roedd ymgyrchu fel hyn yn gyhoeddusrwydd da iddi. Câi ei herlid byth a hefyd gan yr heddlu, ond rywfodd neu'i gilydd byddai'n llwyddo i gyhoeddi drwy'r corn siarad yr emyn 'Nearer My God to Thee'. Roedd hyn yn creu annifyrrwch llwyr i bawb.

Ffaith arall ddiddorol yw y byddai'r offeiriad a fyddai'n bresennol adeg dienyddiad, a'r condemniedig yn sefyll uwchlaw'r trap-ddrws, yn adrodd y Drydedd Salm ar Hugain. Ond ni châi'r condemniedig glywed y cyfan. Y geiriau olaf a glywai cyn i'r lifer gael ei thynnu fyddai 'Fy ffiol sydd lawn'. Mwy na thebyg y byddai'r condemniedig yn disgwyl am eiriau olaf y salm, 'A phreswyliaf yn nhŷ'r Arglwydd yn dragywydd'. Ac yna'r 'Amen'. Ond na. Fe ddeuai'r diwedd yn fwy sydyn na hynny.

Mewn un gornel o'r carchar gorweddai llain o dir lle cleddid y rhai a ddienyddiwyd. Yn eu plith roedd William Henry

Kennedy, a saethodd yn farw, yng nghwmni dyn o'r enw Browne, y plismon George Gutteridge yn 1927. Roedd hwnnw'n achos ofnadwy. Ar ôl ei lofruddio dychwelodd y ddau i sicrhau ei fod wedi marw. Ond roedd ei lygaid yn dal yn agored. Credai Brown a Kennedy, fel llawer o ddihirod eraill, y byddai llygaid y sawl a laddwyd yn dangos llun fel ffotograff o'r peth olaf iddynt ei weld sef, yn eu hachos hwy, y ddau lofrudd. Felly dyma nhw'n ei saethu eto drwy ei lygaid.

Eironi mawr i mi oedd y ffaith fod un o'm harwyr yn gorwedd yno. Roedd Del Fontaine yn focsiwr proffesiynol o Ganada ac wedi gwneud yn dda drosto'i hun. Byddai ei gariad a'i mam hithau bob amser yn amlwg ar flaen y gad bob tro yr ymladdai. Yn anffodus, dechreuodd pethau ddirywio wrth iddo golli rhai gornestau. Roedd yr ergydion a dderbyniodd yn dechrau dweud ar ei ymennydd ac aeth yn brin o arian. Roedd ei gariad, gyda chefnogaeth ei mam, yn bygwth ei adael. Llofruddiwyd y ddwy gan Del Fontaine ac fe'i crogwyd yn Wandsworth.

Ar un adeg, arferai llechi bychain – yn nodi llythrennau cyntaf yr enwau'n unig – nodi lleoliad y cyrff. Un noson, fe lwyddodd athro dosbarthiadau nos smyglo un o'r llechi allan ac ar ôl hynny symudwyd pob llechen.

Weithiau, pan fyddai'r dyletswyddau'n cynnwys diffodd goleuadau'r iard am naw o'r gloch y nos, a minnau yno mewn tywyllwch, byddwn yn teimlo gwallt fy mhen yn codi.

Dienyddiwyd dwsinau o lofruddion yn Wandsworth cyn i'r gosb eithaf gael ei diddymu yn y pumdegau. Yn eu plith roedd George Haig yn 1942, gŵr a aeth ati i doddi cyrff y rhai a laddodd mewn asid; Neville Heath yn 1946, llofrudd dwy ferch ifanc, a'r dyn rhyfedd hwnnw, August Sangret, yn 1942 – milwr Americanaidd o dras Indiaid brodorol a lofruddiodd Joan Wolfe wrth iddi hi gysgu mewn pabell ar Gomin Hackney. Cofir ef o hyd fel the wigwam murderer.

Ar un adeg, cleddid cyrff y llofruddion mewn calch, yn y gred y parai hynny i'w gweddillion ddiflannu. Rhoddwyd y gorau i'r arferiad a dechreuwyd taenu haen o dywod du dros yr eirch. Golygai hynny y gwnâi unrhyw un a gloddiai yno yn y dyfodol sylweddoli fod cyrff yn gorwedd yno.

Roedd Llundain yn y dyddiau hynny yn wahanol iawn i'r hyn ydyw heddiw. Mae'r Saeson, fel ninnau, yn colli eu cymeriad yn gyflym iawn. Mae'r Cocnis ffraeth yn prinhau. Roedd hi'n ddoniol gwrando ar eu cellwair ar y bysys, a hyd yn oed pan oeddynt yng ngharchar, llwyddent i weld yr ochr ysgafn i fywyd. Weithiau tynnai swyddogion eraill fy nghoes am fy mod yn Gymro wedi dod i Lundain i ddwyn eu swyddi. Byddwn yn barod am hyn. Atebwn fod safonau yng Nghymru mor uchel fel mai amhosibl oedd cael gwaith yno, ond golygai safonau isel Lloegr fod digon o waith ar gael. Cefais fod y Saeson yn bobl ddigon teg a goddefgar, a'r hen fawredd yn araf ddiflannu.

Deuai nifer fawr o ymwelwyr i'r carchar yn ddyddiol, ond ni châi'r ymwelwyr a'r carcharorion gyffwrdd â'i gilydd yn gorfforol. Weithiau, o dan amgylchiadau arbennig, caniateid ymweliadau personol mewn stafell ar wahân. Câi'r ymwelwyr, fel arfer, fynediad i goridor hir gyda stafelloedd bychain mewn rhes yn wynebu rhes debyg, ar gyfer y carcharorion. Byddai'r system, fel arfer, yn gweithio heb unrhyw drafferth. Ond unwaith fe wnaeth un carcharor, o sylweddoli fod ei gariad yn gweld dyn arall, falu'r ffenest wydr-a-gwifrau rhyngddynt gan dorri ei hwyneb yn ddifrifol. Derbyniodd ddedfryd hwy o'r herwydd.

Yn aml clywn wragedd a chariadon yn addo cariad tragwyddol tra byddai dynion eraill yn disgwyl amdanynt y tu allan. Roedd carchar yn medru bod yn lle rhyfedd. Roedd rhai o'r menywod a ddeuai i ymweld â'u dynion yn rhai caled iawn. Cofiaf un yn cicio swyddog yn ei fan gwan gan achosi cryn ddifrod. Byddent yn barod hefyd i ddefnyddio'u sodlau stiletto fel arfau.

Ceisient yn aml drosglwyddo tybaco i'w dynion drwy ei osod mewn condoms a'u gadael yn nhanciau dŵr y tai bach.

Byddent hyd yn oed yn eu gosod yn y toiledau a thynnu'r tshaen fel y gallai'r dynion eu casglu wedyn o'r tyllau archwilio yn y draeniau. Ond byddem yn barod am y triciau hyn.

Bryd hynny doedd dim sôn am cannabis a cocaine, ond fe wnâi carcharor unrhyw beth am fygyn ac fe fanteisiai'r barwniaid tybaco ar hynny. Yn ddiweddarach, fe ddaeth smygu'n gyfreithlon mewn carchardai.

Un prynhawn, a minnau wedi blino ar ôl cerdded rhai milltiroedd, mentrais orffwys yn un o'r cabanau gwag. O bobtu roedd ymwelwyr ac ar ddamwain clywais ymwelydd a charcharor yn cynllwynio bod parsel i gael ei daflu dros y wal lle roedd tŷ ar gyfer Swyddog Meddygol newydd ei adeiladu. Roedd hyn i ddigwydd am 4.30, cyn y byddai'r criw adeiladu yn gadael. Rhybuddiais yr awdurdodau uwch a gofynnwyd i mi gadw golwg ar bethau. Ac yn wir, yn unol â'r cynllwyn, dyma'r parsel yn cael ei daflu. Fe'i cipiais, er mawr siom i'r cynllwynwyr, a derbyniais air o werthfawrogiad gan yr Uwch Swyddog.

Fe fu digwyddiad arall pan ganodd y gloch larwm ger y brif ganolfan. Fi oedd y swyddog agosaf a danfonwyd fi i un o'r cabanau ymwelwyr. Yno roedd carcharor wedi diosg ei got ac yn bygwth swyddog. Yn ddiymdroi, gafaelais ym mraich y carcharor a'i arwain yn ôl yn ddidrafferth i'w fan gwaith. Synnwyd pawb gan hyn gan mai'r dyn dan sylw oedd Roddy Spinks, cymeriad amlwg iawn ym mywyd tor-cyfraith Llundain. Ef oedd yn rheoli ardal yr Elephant and Castle ac yn enwog am beidio ag ildio heb ymladd.

Erbyn hyn roedd hi'n 1939, a bygythiad rhyfel yn llenwi'n meddyliau, gan daflu cysgodion dros gartrefi ledled Prydain. Gwelwn weithwyr yn codi cysgodfeydd rhag bomiau ac yn cloddio ffosydd yn y parciau. Roedd yna ofnau arbennig am ymosodiadau nwy.

Roedd hwn yn gyfnod prysur i'r IRA yn Llundain ac roedd bomio'n gymharol gyffredin. Pan ffrwydrodd bom yr IRA ar bont Hammersmith medrwn glywed y ffrwydrad o'r carchar yn

Wandsworth. Cafodd rhai eu harestio a'u danfon i sefyll eu prawf yn yr Old Bailey. Synnwyd fi o ddeall fod y dynion, er gwaethaf eu henwau Gwyddelig – McCarthy, Casey ac yn y blaen – yn Saeson mewn gwirionedd, wedi eu geni a'u magu mewn ardaloedd fel Kilburn. Synnwyd fi fwy fyth wrth glywed Brigadydd yn y fyddin yn disgrifio'r IRA fel cyfeillion gorau byddin Prydain. Heb yr IRA, ble yn y byd y gellid hyfforddi'r milwr Prydeinig, gofynnodd. Gyda threiglad amser, âi rhywun yn fwy sinigaidd.

Yr adeg hon roedd tri Chymro enwog yn treulio cyfnod byr yn Wormwood Scrubs, y tri wedi eu cael yn euog o losgi ysgol fomio ym Mhenyberth yn Llŷn. Mae'r hanes am Saunders Lewis, D. J. Williams a Lewis Valentine yn wybyddus i bawb, gyda'r awdurdodau'n gwrthod safleoedd mwy addas yn Lloegr. Roedd Saunders Lewis wedi bod yn swyddog ym myddin Prydain ac un o'r lleill hefyd wedi gwasanaethu'n filwrol. Wedi i'r rheithgor fethu â chytuno yng Nghymru fe'u trosglwyddwyd i Lundain, lle cafwyd hwy'n euog a'u carcharu. Wfft i gyfiawnder Prydeinig!

Er na chyfarfûm ag ef yn y carchar, roedd Saunders Lewis ar fin newid fy mywyd. Tra oedd yn Wormwood Scrubs, ymladdodd am yr hawl i ddanfon a derbyn llythyrau yn yr iaith Gymraeg. Wedi cryn amser, fe gytunodd yr awdurdodau nid yn unig i hynny ond yn ychwanegol y câi ymwelwyr a charcharorion sgwrsio â'i gilydd yn Gymraeg.

Dylwn gyfeirio hefyd at y sefyllfa grefyddol. Roedd yna gapeli ac eglwysi, yn cynnwys addoldai Catholig, ym mhob carchar. Yn wir, roedd gwasanaeth eglwysig yn orfodol bryd hynny.

Wrth i'r Swyddog Parêd ddarllen gorchmynion y dydd bob bore, prin iawn oedd y sylw a dalai neb iddo. Ond un bore credwn i mi ei glywed yn cyfeirio at swyddog a siaradai Gymraeg. Ac, yn wir, wrth fy ymyl safai swyddog o'r enw Nicholson, cyn-aelod o'r Grenadiers a gŵr llawen a chyfeillgar. Yn ystod ei wasanaeth roedd hwn wedi hebrwng dros hanner cant o lofruddion condemniedig i'r crocbren. Fe'i cefais yn ddyn hyfryd a oedd bob amser yn barod i helpu swyddogion ifanc. Eto i gyd, ni chafodd ddyrchafiad, am nad oedd yn llwyddo mewn arholiadau.

O sylweddoli fy mod innau'n siarad Cymraeg, hysbysodd Nicholson fi fod angen siaradwr Cymraeg fel swyddog yng ngharchar Amwythig. Roedd hyn yn apelio ataf. Ond ar y llaw arall roedd Sallie yn dal yn Llundain ac roedd gen i lety derbyniol iawn a llawer o ffrindiau da. Er ei fod yn benderfyniad anodd, penderfynais ddanfon cais. Cefais gyfweliad ym Mhrif Swyddfa Adran y Carchardai, a diwedd y gân oedd i mi gael cynnig y swydd.

Erbyn hyn roedd Sallie a minnau wedi dyweddïo. Aethom am dro ar Gomin Wandsworth lle buom yn hel atgofion am Ffair Castellnewydd a'n teuluoedd a'n ffrindiau adre. Roedd hi'n noson braf wrth i ni sgwrsio ar fainc yn y parc, a Sallie wedi gosod ei het a'i bag llaw rhyngom. Mor ddwfn oedd ein hatgofion fel i leidr lwyddo i ddwyn y bag llaw. Teimlwn yn ddig iawn wrth y lleidr – ac yn ddicach fyth wrthyf fy hun am i mi fethu â'i ddal!

Yn gynnar ym mis Mai daeth fy ngwasanaeth yn Wandsworth i ben. Gwyddwn y byddai bywyd yn Amwythig yn fwy diddorol – ac yn nes adre. Ar Fai 13eg, 1939, gadewais Lundain am sir odidog Amwythig.

YN LLANC YN SIR AMWYTHIG

Wrth ffarwelio â Llundain ffarweliais hefyd â ffrindiau, un yn arbennig, Sergeant Thompson, a fu'n focsiwr proffesiynol oedd wedi ymladd yn erbyn Jack Petersen yng Nghaerdydd a cholli ar bwyntiau. Roedd e'n swyddog ifanc yn llawn triciau a doniolwch. Ffarweliais â gwragedd lletty na wyddent sut i goginio ond a wyddent yn iawn sut i ddenu'r geiniog olaf o'ch poced.

Ffarweliais â'r Capten Peyton-Walsh, y Dirprwy Reolwr a gâi ei gasáu gan bawb ond a gododd i reng Brigadydd wedi'r rhyfel ym Mhrofion Neurenburg.

Ffarweliais â charcharor o'r enw Styles a anelodd hergwd tuag ataf ar fy niwrnod olaf, a hynny heb unrhyw reswm. Fe dalodd yn ddrud am wneud hynny.

Oeddwn, roeddwn i'n gadael Llundain, gan anelu am Amwythig ar drên a gadael y ddinas am dref lle byddai ansawdd bywyd dipyn yn wahanol. A gadael hefyd garcharorion Wandsworth, y mwyafrif ohonynt y tu hwnt i achubiaeth. Roeddynt wedi dewis eu ffordd o fyw ac ni fynnent, neu ni allent, newid y ffordd honno.

Er hynny, ni chredaf fod unrhyw un yn cael ei eni'n droseddwr. Mae'r cyfan yn dibynnu ar amgylchiadau, ar sefyllfaoedd a'r cwmni y mae rhywun yn ei gadw yn ifanc rhwng pedair ar ddeg a deunaw oed. Unwaith yr ymunwch â grŵp arbennig o fewn yr oedran hwn, mae'n anodd iawn newid. Pan fo rhywun yn colli ei gyfoeth, nid yw'n colli popeth. O golli iechyd, fe gollwch rywbeth. Ond o golli cymeriad, fe gollwch bopeth.

Yn Amwythig, cefais lety yn 12, New Park Street. Curais ar y drws, heb gael ateb. Curais eilwaith. Dim ateb eto. Syllais drwy'r ffenest a gwelwn wraig y tŷ yn brysur yn y gegin. Ni wyddwn bryd hynny ei bod hi, Mrs Griffiths, yn fyddar. Roedd ganddi fab yn y Gwasanaeth Carchardai ac fe gadwai'r llety gorau y medrai unrhyw un ddod o hyd iddo. Saif carchar Amwythig gerllaw'r orsaf reilffordd a'r castell, a gwyddwn o'r cychwyn cyntaf y byddwn yn hapus yno. Er bod y ddisgyblaeth yn llym, roedd yr awyrgylch yn arbennig o dda.

Cynhwysai dalgylch y carchar y rhan helaethaf o ogledd Cymru ac i lawr mor bell â Llanandras yn Sir Faesyfed. O'i gymharu â Wandsworth, roedd poblogaeth y carchar yn fychan ond roedd yn ganolfan gadw ac yn dal rhai carcharorion ar gyfer achosion llys fel Brawdlysoedd neu Lysoedd Chwarter, sy'n cael eu hadnabod bellach fel Llysoedd y Goron. Roedd yn lle prysur, a phetai achos yn codi roedd yno ddarpariaeth ar gyfer dienyddio.

O ran swyddogion, roedd yno un Rheolwr, George Stamp, a oedd wedi ennill nifer o fedalau yn y Rhyfel Mawr; un Prif Swyddog Dosbarth 2, a wisgai fedalau Rhyfel y Boer; un Uwch Swyddog a thua ugain o Swyddogion. Roedd y mwyafrif o'r staff yn nesáu at oedran ymddeol. Roedd gan bron bawb brofiad o wasanaeth yn y Rhyfel. Fi oedd yr ieuengaf ond un – yr ieuengaf oedd Tommy Jones, cyn-aelod o'r Gwarchodlu Cymreig o Lanfair-ym-Muallt.

Yma, roedd amodau gwaith a dyletswyddau'n llawer mwy rhesymol na'r hyn a brofais yn Wandsworth a theimlwn yn gwbl hapus. Roedd 1939 yn flwyddyn dda, gydag ugain o sigaréts yn costio swllt, cwrw yn chwe cheiniog y peint a bwyd yn hynod o rad. Teimlwn i mi ganfod fy El Dorado. Yn goron ar y cyfan, ymddangosai fod y carcharorion yn frîd tra gwahanol i'r rheiny a geid yn Llundain. Roedd rhai, mae'n wir, yn droseddwyr wrth reddf ond roedd eraill yn droseddwyr ar ddamwain, rhai na wnâi droseddu eilwaith.

Ond does dim byd yn ddigyfnewid, ac ar ddiwedd y flwyddyn fe dorrodd y Rhyfel. Gan fod nifer o'r swyddogion ar restr milwyr-wrth-gefn, cwtogwyd ar nifer y staff ac arweiniodd hyn at ddyletswyddau ychwanegol.

Roedd yn gyfnod cyffrous. Derbyniem rai nad oedd wedi wynebu achos llys, aelodau o garfanau Ffasgaidd neu

Gomiwnyddol. Danfonwyd nifer fawr o filwyr Canada-Ffrengig atom, cyn-garcharorion o garchardai Canada, mae'n debyg. Fe wnâi'r rhain achosi llawer o broblemau, nid y lleiaf yn broblemau ieithyddol.

Penderfynais listio ar gyfer gwasanaeth milwrol, ond cynghorwyd fi gan y Comisiynwyr Carchardai y cawn fy ngalw'n ôl a cholli fy hawliau pensiwn a'm gradd pe listiwn heb ganiatâd. Fodd bynnag, caniatawyd i dri ohonom ymuno â'r Cartreflu, neu'r Home Guard, yn y Shropshire Light Infantry.

Ym mis Gorffennaf y flwyddyn honno priodais â Sallie Davies yng Nghapel Bryngwenith ger Castellnewydd Emlyn, a chychwynasom ar ein bywyd priodasol yn ein cartref newydd yn 87, Sundorne Crescent, Hartescott, tua dwy filltir o Amwythig.

Deuthum ar draws pob math o bobl yng ngharchar Amwythig, rhai yn ddigon hoffus, eraill yn bobl atgas a rhai yn wehilion cymdeithas. Ceid rhai oedd wedi torri'r gyfraith er mwyn osgoi mynd i'r fyddin. Roedd yno rai hefyd oedd yn bobl drist, a'u camweddau'n wers i bawb ohonom.

Un o'r rhain oedd trafaeliwr a oedd mewn swydd dda ac o deulu da. Un noson, pan oedd rhwng Amwythig a Lerpwl, arhosodd mewn gwesty arbennig. Dywedwyd wrtho gan y rheolwr y bore wedyn fod y gist oedd wrth ymyl ei wely yn yr atig y noson cynt yn llawn o arian o'r farchnad ddu. Yn ddiweddarach, cofiodd am hyn a galwodd yn ôl. Fe'i daliwyd gan y tafarnwr yn ceisio dwyn o'r gist a derbyniodd chwe mis dan glo yn Amwythig. Ar wahân i'r un cam gwag hwn roedd yn ddyn da. Gadawodd y carchar heb swydd, a heb arian. Galwodd mewn tafarn yn Ketley mewn anobaith a daliodd ar ei gyfle i fynd y tu ôl i'r bar i ddwyn o'r til. Daeth y dafarnwraig ar ei draws. Fe wthiodd y dyn hi ac fe syrthiodd gan dorri ei phenglog. Yn ddiweddarach fe'i crogwyd yng ngharchar Amwythig.

Dyna i chi'r clerc banc hwnnw wedyn o Wrecsam a chanddo gartref cysurus a theulu hyfryd. Defnyddiodd allweddi'r Prif

Ariannwr a'r Uwch Glerc i agor y gell arian gan ddwyn £50,000 ac yna ffoi. Fe'i harestiwyd yn Birmingham a'i garcharu am bum mlynedd. Mae pobl yn gwneud pethau rhyfedd, weithiau.

Credaf fod dyn hanner cant y cant yn wâr a hanner cant y cant yn anwar. Ond nid yw carchar yn ddu i gyd – mae yno hiwmor hefyd. Cofiaf, er enghraifft, yr Ustus Hilberry ym Mrawdlys Rhuthun yn dedfrydu troseddwr a fu o'i flaen droeon yn y gorffennol. Rhaid, meddai'r Barnwr, oedd amddiffyn y cyhoedd rhag pobl o'i fath ef am amser hir. Ac fe'i dedfrydodd i bum mlynedd o garchar. Cymerodd y troseddwr, Thompson, arno beidio â deall. Gosododd ei law ar ei glust a gwenodd.

'Pum dydd ddwetsoch chi, syr?' gofynnodd.

'Ie, Mr Thompson,' atebodd y Barnwr. 'Pum Dydd Nadolig.'

Deuai llawer o achosion o ddwywreiciaeth o flaen y llysoedd yn y dyddiau hynny. Hoff ddywediad un barnwr, yr Ustus Charles, mewn achosion felly oedd: 'Dyma i chi ddyn a chanddo dair gwraig, a minnau'n methu cael un'!

Dyna i chi Frawdlys Rhuthun wedyn lle'r oedd rhwysg a phomp bob amser, gyda gorymdaith drwy'r dref a thrwmpedwyr yn chwythu eu cyrn ar risiau'r llys. Ond un bore roedd y cyrn yn fud. Roedd rhywrai wedi gwthio cyrc i mewn i'r offerynnau. Gan mai yng nghelloedd y carchar y cedwid y cyrn, daeth y gofalwyr o dan amheuaeth.

Byddai dynion diddorol yn mynd a dod. Un ohonynt oedd Jack Williams, dyn lleol a weithiai fel daliwr llygod-mawr. Galwai mewn ambell dafarn a gosodai lygoden fawr y tu mewn i'w grys, ac yna ffuret. Byddai ymladdfa, wrth gwrs, gyda'r ffuret yn ennill bob tro. Pan na fyddai ganddo ond un llygoden fawr ar ôl yn ei sach, fe wthiai ei phen i mewn i beint o gwrw a'i lladd â'i ddannedd.

Cymeriad arall oedd 'Soapy' Jones, dyn deallus a thrwsiadus. Ond roedd ganddo ryw nam yn ei gymeriad. Petai rhywun yn tarfu arno fe dorrai fforc yn ei hanner a'i llyncu. Meddyg y carchar oedd meddyg teulu Jones hefyd. Byddai'r meddyg yn rhybuddio'i wraig i ddweud wrth Jones, petai'n ffonio wedi nos, fod ei gŵr allan. Ateb Jones fyddai: 'Iawn, ond os yw'r dyn sydd wrth eich ymyl yn y gwely yn feddyg, danfonwch e draw'!

Un noson, fe dderbyniodd y carchar Rwsiad oedd wedi trywanu pum gwraig mewn gwersyll ffoaduriaid ger Market Drayton. Yn amlwg roedd y dyn yn wallgof. Yn ddiweddarach y noson honno, defnyddiodd ddarn o dun i'w sbaddu ei hun. Doedd gennym ni ddim adnoddau i'w drin, felly gofynnwyd i mi a swyddog meddygol ei gludo i Lerpwl. Gyda'r dyn mewn cyffion ni chawsom unrhyw drafferth, ond clywsom wedyn iddo ymosod ar dri o'r staff a bron iawn eu lladd. Roedd y dyn mor gryf fel iddo falu'r cyffion.Torrodd ei wddf ac yn amlwg roedd e'n benderfynol o'i ladd ei hun er gwaethaf ymdrechion y swyddogion. Y diwedd fu i feddyg y carchar orchymyn i bawb fynd allan o'r gell a chaniatáu iddo'i ladd ei hun.

Cymeriadau eraill oedd y teulu Lock: John, ei wraig Sarah a'u mab, Benny. Byddai'r tad a'r mab i mewn ac allan yn rheolaidd. Bob tro y galwai Sarah fe geisiai smyglo hanner-owns o dybaco i'w gŵr. Yn aml fe gaewn fy llygaid i hyn a mynd â'r tybaco oddi ar John wedi iddi adael. Credai Sarah ei bod hi'n fy nhwyllo, ond fe ddeallai John yn iawn. Teulu o grwydriaid oedden nhw. Bu farw Sarah yn 1993 yn 103 mlwydd oed.

Wrth i'r rhyfel barhau, aeth dogni bwyd yn llymach a châi dinas Lerpwl ei bomio'n rheolaidd. Dal i lifo i mewn a wnâi'r carcharorion, rhai ohonynt wedi llofruddio, ond am ryw reswm ni chafodd neb ei grogi yn Amwythig yn ystod blynyddoedd y rhyfel.

Un noson, clywais leisiau dieithr y tu allan i'r prif borth a gorchmynion yn cael eu gweiddi mewn iaith dramor. Credwn i ddechrau fod yr Almaenwyr wedi cyrraedd. Ond na, morwyr o'r Iseldiroedd oedd yno ar ôl eu cael yn euog o wahanol droseddau. Roedden nhw'n falch o fod yno yn hytrach na gorfod hwylio Môr Iwerydd yn chwilio am longau tanfor yr Almaenwyr.

Cofiaf hefyd griw o Ffrancwyr yn cael eu carcharu, wedi i'r awdurdodau eu canfod ar faes awyr ger Amwythig. Roedd tri ohonynt yno, y tri yn uchel-swyddogion yn y fyddin. Eu henwau oedd Gauntier, Fermineaux ac Assuage. Fi oedd un o ddau oedd yn eu hebrwng ac ni chawn eu cyffio am iddynt hawlio deddfau Hawliau Geneva. Yn groes i'w hewyllys fe'u trosglwyddwyd i Garchar Pentonville. Bomiwyd y carchar yn ddrwg y noson honno ac ni chlywais unrhyw sôn amdanynt byth wedyn. Y gred oedd mai ysbïwyr oedden nhw.

Un bore, wrth i mi arolygu llawr arbennig oedd o dan fy ngofal, deuthum ar draws y gell fwyaf anniben a welswn erioed. Roedd y carcharor oedd yn gyfrifol am yr annibendod yn ymarfer yn y prif gwrt, a rhoddais orchymyn iddo dwtio'i gell. Ymddangosai'n drist a dagreuol ac fe glywais acen Gymreig yn ei siarad. Deuai o'r Ceinewydd, a thrwy gyd-ddigwyddiad roeddwn i'n adnabod ei deulu. Roedden nhw'n bobl enwog drwy Gymru. Gweinidog oedd ei dad, a churad o Henffordd oedd y carcharor.

Roedd hwn yn y carchar am chwe wythnos. Ei drosedd oedd achosi braw a digalondid. Mae'n debyg iddo fod yn annerch milwyr yng ngwersyll Henffordd pan daflwyd cwestiwn ato. Faint o amser a gymerai i adfer normalrwydd petai Prydain yn ildio i'r gelyn? Ei ateb diniwed oedd y cymerai tua chwe mis. Fe adroddodd rhywun yn ôl i'r awdurdodau ac fe'i carcharwyd.

Ymhen blynyddoedd wedyn gwnaeth hwn enw iddo'i hun fel bardd, a theimlai rhai ei fod e'n well bardd na Dylan Thomas. Ei enw oedd Euros Bowen. Ysgrifennai yn Gymraeg a thra oedd e'n ficer yng ngogledd Cymru fe'i hanrhydeddwyd â'r OBE. Mae'n bosib i'w gyfnod yn y carchar roi cyfle iddo fyfyrio, fel yn hanes John Bunyan, Oscar Wilde ac eraill.

Yn ystod fy ngwasanaeth yn Amwythig treuliais ran o'r amser fel Swyddog Derbyn. Roeddwn i'n gyfrifol am dderbyn y carcharorion, arolygu eu traddodi, cymryd ôl eu bysedd a pharatoi ar gyfer eu rhyddhau. Roedd hon yn swydd gyfrifol a châi carcharor arbennig ei ddewis i'm cynorthwyo, un a elwid yn Red Band. Câi rywfaint o ryddid wrth iddo drafod dillad a gofalu am y swyddfa a'r stordy. Byddai hefyd yn gyfrifol am y baddondy, a dim ond carcharorion gweddol ddeallus fyddai'n cael y fraint hon. Iddew o Lundain wedi priodi merch o Ddolgellau oedd fy nghynorthwywr i. Roedd hwn yn ddyn cydwybodol ac yn un a hoffid gan bawb.

Pan ryddhawyd ef, fe wnaeth y staff gasgliad iddo, rhywbeth anarferol iawn. Ond roedd hwn yn rhywun arbennig, mwy nag y medrem ei ddweud am ei wraig. Aeth yn ôl i ogledd Cymru at ei wraig a gwnes adduned, petawn i'n digwydd bod yn agos at ei gartref rywbryd, yr awn i'w weld. Daeth cyfle, unwaith, wrth i mi fynd i briodas i'r dref lle trigai, ond oherwydd glaw trwm, methais fynd i'w weld. Flwyddyn neu fwy yn ddiweddarach roeddwn i yno eto, a chysylltais â'r Swyddog Lles lleol i ofyn am gyfeiriad y gŵr. Er mawr siom i mi clywais ei fod wedi ei saethu ei hun wythnosau'n gynharach. Holais fy hun drosodd a throsodd – petawn i wedi mynd i'w weld y tro cyntaf hwnnw, a fyddwn i, tybed, wedi medru newid pethau? Ni chaf fyth wybod.

Deuai'r bobl ryfeddaf i garchar Amwythig. Ffermwr a ddewisodd garchar yn hytrach na thalu degwm ar ei fferm. Y sgweier o Henffordd oedd wedi llunio ei arch ei hun o goeden llwyfen ar ei dir. Byddai pobl fel hyn yn gwneud bywyd yn ddiddorol.

Fel rhan o'm dyletswyddau yn Amwythig, fe'm penodwyd i fod yn un o arolygwyr cell y condemniedig. Y tro cyntaf i mi wneud hyn oedd yn Wandsworth. Gŵr o Burma oedd y condemniedig y tro hwnnw, perchennog stablau rasio ceffylau yn Rangoon oedd wedi gwirfoddoli i wasanaethu fel rhingyll yn yr Engineers. Roedd hwn wedi priodi Saesnes o Lundain, ond canfu wedyn mai un o ferched y stryd oedd hi ac fe'i lladdodd. O ganlyniad, dedfrydwyd ef i gael ei grogi. Wynebodd y rhaff fel dyn a theimlwn yn drist wrth ei weld yn gadael y gell ar ei fore olaf ar y ddaear.

Byddai chwe swyddog ar 'Wyliadwriaeth Angau' yn gwasanaethu shifftiau wyth awr yr un. Roeddem yn gwylio'r gŵr o Burma adeg y bomio, ac ni fedrem lai na gwenu wrth weld, ynghanol y gell, fwrdd dur anferth gyda matras oddi tano lle câi'r condemniedig loches. Yn amlwg, nid oedd fod i farw tan y dyddiad penodedig. Ond doedd dim un math o loches ar ein cyfer ni.

Bûm yn gwasanaethu ar 'Wyliadwriaeth Angau' mewn carcharau eraill, yng Nghaerlŷr, Pentonville a Leeds. Ar un adeg, treuliais wyth wythnos yng nghell y condemniedig yn Pentonville yn ogystal â mynychu'r Llys Apêl a Thŷ'r Arglwyddi gyda'r carcharor. Ychydig iawn o swyddogion carchar all hawlio iddynt fod ar ddyletswydd yn Nhŷ'r Arglwyddi.

Roedd hwnnw'n achos anarferol. Gŵr o Tooting, gohebydd gyda'r *Sunday Express*, oedd y carcharor. Un noson, dychwelodd adre a chanfod dyn arall yn y gwely gyda'i wraig. Tynnodd gyllell o'i boced a thrywanodd ei wraig, dro ar ôl tro. Dedfrydwyd ef i garchar am bum mlynedd am anafu maleisus. Bu farw ei wraig flwyddyn yn ddiweddarach o ddoluriau gorwedd. O ganlyniad, dedfrydwyd ef i'w grogi fel llofrudddau-achos. Apeliodd ar sail y ffaith mai o friwiau gorwedd y bu farw ei wraig yn hytrach nag o'r ymosodiad. Ond dyfarnodd y Barnwr na fyddai hi wedi dioddef o friwiau gorwedd oni bai i'w gŵr ymosod arni. Cefnogwyd ei ddyfarniad gan Dŷ'r Arglwyddi. Gwelais wallt du y carcharor yn troi'n wyn dros nos. Yna, ar noswyl ei grogi, dilewyd y ddedfryd o grogi.

Deuai'r dyletswyddau hyn â thipyn o amrywiaeth, a byddwn yn edrych ymlaen at waith amrywiol ac at fynd i garcharau eraill. Gwnaeth mwy nag un llofrudd gais am i mi fod yn gydymaith iddo ar ei ffordd i'w grogi.

Y gri fawr oedd i ddienyddio gael ei wahardd. Ond ble roedd y cysondeb? Roeddem yn cadw dynion milain yn fyw, ac yn dienyddio eraill oedd heb ladd neb! Cofiaf am bump o

Almaenwyr ifainc a ddaliwyd yn ardal Lincoln ar ôl cael eu gollwng o awyren yn gynnar un noson adeg y rhyfel. Fe ddienyddiwyd y pump yng ngharchar Pentonville. Credaf mai'r digwyddiad hwn a arweiniodd Jack Higgins i ysgrifennu *The Eagle Has Landed*.

Un bore, galwyd fi a swyddog arall i ddelio â sefyllfa lle'r oedd carcharor yn herio pob gorchymyn. Aelod o deulu'r Dunns oedd hwn, teulu o sipsiwn oedd yn enwog am eu hymladd mewn ffeiriau. Roedd un ohonynt wedi derbyn cosb y chwip, neu'r 'gath naw cynffon'. Pan welais ef, gwyddwn ar unwaith fod Dunn mewn tymer ddrwg. Ceisiwyd ymresymu ag ef, ond yn ofer. Roedd y Swyddog Boylin a minnau wedi ein hyfforddi mewn jiwdo ac roeddwn i wedi derbyn hyfforddiant pellach yn y Clwb Kwai Siapaneaidd yn Llundain. Aethom amdano gan ddefnyddio'r dull o gloi'r fraich a'r goes. Ildiodd Dunn ar unwaith. Cwynodd wedyn fy mod i wedi parlysu ei fraich chwith. Yn amlwg roeddwn i wedi gwneud gelyn a phenderfynwyd ei drosglwyddo i garchar Stafford i orffen ei ddedfryd o bedair blynedd.

Wyth mlynedd yn ddiweddarach, roeddwn i ar wyliau yng Nghastellnewydd Emlyn ac yn siarad â hen ffrind ger Swyddfa'r Heddlu. Pwy oedd yn dynesu ataf ond Dunn. Ofnais y gwaethaf. Ond aeth heibio heb f'adnabod. Am ryw reswm, fedrwn i ddim ei anwybyddu, a gelwais ar ei ôl. Trodd tuag ataf. 'Rown i'n meddwl y gwnaem ni gwrdd rywbryd,' meddai. 'Tyrd i mewn i'r Three Compasses am beint.' Gwrthod wnes i, ond profodd hyn fod amser yn medru meddalu pobl.

Câi carcharorion treisgar eu dedfrydu i dderbyn nifer penodedig o chwipiadau o'r 'gath', neu'r 'cat-o'-nine-tails'. Weithiau defnyddid y wialen fedw ac yn achos cosb am weithred arbennig o ffiaidd fe osodid weiren magl y tu mewn i'r wialen heb i'r awdurdodau fod yn ymwybodol o hynny. Yn Awstralia fe ddyfeisiwyd peiriant a sicrhâi fod y gath yn disgyn gyda'r un ergydion rheolaidd bob tro. Doedd y fath ddyfais ddim yn bodoli yng ngharcharau Prydain.

Tra oeddwn yn Amwythig, defnyddiais y wialen fedw ddwywaith a'r 'gath' unwaith. Câi swyddog a ddefnyddiai'r 'gath' neu'r wialen fedw hanner-coron o dâl ychwanegol. Doedd y gwaith ddim yn un yr edrychwn ymlaen ato. Ond gwyddwn, pe gwrthodwn, y byddai'r llythrennau LMF yn cael eu nodi mewn coch ar ymyl f'adroddiad. Ystyr hynny oedd 'lack of moral fibre', a byddai'n cyfrif yn erbyn rhywun.

Byddai'r drefn yn un syml. Yn dilyn cyhoeddiad gan y Rheolwr ar ran y Swyddfa Gartref yn nodi nifer yr ergydion, câi'r carcharor, yn gwisgo dim byd ond ei drowser, ei glymu wrth fframwaith pren o siâp triongl. Byddai llen y tu ôl i'r carcharor fel na fedrai adnabod y swyddog a fyddai'n ei chwipio. Yna, câi darn o ledr ei osod dros y gwddf a'r arennau er mwyn eu harbed. Byddai meddyg yn bresennol, y Prif Swyddog a'r Rheolwr, ynghyd â nifer o swyddogion.

Tra oeddwn yn Dartmoor bûm yn dyst i'r defnydd o'r 'gath' ar garcharor oedd wedi ymosod ar swyddog. Derbyniodd bymtheg ergyd. Yn fuan wedyn diddymwyd y gosb hon. Credaf mai fi oedd yr uwch-swyddog olaf i fod yn dyst i'r fath gosb.

Deuai popeth yn ei dro: trais, tristwch, hiwmor a thrueni. Cofiaf am ddyn ifanc o Flaenau Ffestiniog a ganai 'Y Marchog' bob tro y byddwn ar ddyletswydd gyda'r nos, mewn llais tenor prydferth. Gwyddai, mae'n debyg, fy mod i'n Gymro Cymraeg. Ac er mai tawelwch oedd y rheol, gadawn iddo ganu gan gofio hen ddyddiau'r penny readings yng Nghastellnewydd, lle cenid y gân yn aml.

Ar un adeg, pan oedd llafur yn brin o ganlyniad i'r Rhyfel, câi carcharorion weithio ar ffermydd ac yn y coedwigoedd gyda'r Gymdeithas Amaeth Ryfel neu'r 'War Ag'. Byddai'r mwyafrif o'r carcharorion yn croesawu hyn gan ei fod yn golygu gadael y carchar yn gynnar a chyrraedd yn ôl yn hwyr. Un tro roeddwn yng ngofal tua ugain o ddynion ger pentref Melvelley yng nghyffiniau'r Trallwng. Ein gwaith oedd codi clawdd i atal afon Fyrnwy rhag gorlifo.

Roeddwn i'n adnabod y rhan fwyaf o'r dynion. Deuai un ohonynt, 'Stacks', o Wrecsam. Roeddwn i'n adnabod hwn yn dda gan ei fod ef a'i frodyr wedi treulio cyfnodau yng ngharchar. Hwn oedd yr hynaf ohonynt. Roedd e wedi ei ddedfrydu i ddwy flynedd, ac yntau newydd briodi. Poenai hynny ef yn fawr a mynegodd wrthyf i ei bryder am ei wraig.

Tua dau o'r gloch yn y prynhawn, roeddwn i'n eistedd wrth y tân agored yn yfed paned o de tra oedd y dynion yn gweithio pan welais garcharor yn gadael ei waith ac yn rhedeg tua'r goedwig ar lan yr afon. Roedd yr afon yn uchel a sylweddolais mai Stacks oedd y ffoadur. Ni theimlwn ei fod yn ceisio dianc, ond rhedais i gyfeiriad y coed i geisio'i atal. Ar ôl cyrraedd y coed, ni fedrwn ei weld yn unman, er i mi chwilio'r llwyni. Yna sylwais ar olion traed yn llithro i lawr tuag at bwll dwfn. Hyd yn oed wedyn, ni fedrwn gredu ei fod yn yr afon. Yna sylwais ar dun yn gorwedd ymhlith sbwriel ar y lan. Tun polish oedd e ac o'i agor gwelais ewyllys olaf Bagnall ynddo. Gwyddwn wedyn iddo foddi a chanfuwyd ei gorff yn y Fyrnwy y diwrnod wedyn. Fe'i claddwyd, wedi'r cwest, ym mynwent Brychtyn.

Cymeradwywyd fi am fod mor sylwgar wrth ei weld yn gadael ac am ddod o hyd i'r ewyllys. Deallais wedyn fod Bagnall yn y carchar y tro hwn am dorri i mewn i dafarn a chael ei ddal gan y tafarnwr, a'i tarodd ar ei ben â photel. Hwyrach mai hyn oedd wedi effeithio ar ei feddwl.

Yng nghanol digwyddiadau trist, roedd hefyd adegau ysgafn. Y tro cyntaf i mi fod yng ngofal y doc yn Llanandras roedd tri photsier eog yn wynebu cyhuddiadau o achosi niwed difrifol i dri beili. Doedd dim marc ar y carcharorion ond yr oedd y tri beili, druain, mewn cyflwr truenus. Ymddangosai'n sicr y câi'r tri potsier eu dyfarnu'n euog gan fod y dystiolaeth yn eu herbyn yn ddi-droi'n-ôl. Cyn ffonio am gerbyd i gludo'r tri i'r carchar, cefais air â'r rhingyll yn y llys.

'Paid â gofidio am gerbyd,' meddai hwnnw. 'Fydd y tri hyn ddim yn mynd i'r carchar.'

'Ond beth am y dystiolaeth gref yn eu herbyn?' gofynnais.

'Rwy'n cytuno ynglŷn â'r dystiolaeth,' meddai'r Rhingyll. 'Ond weli di'r pedwar rheithor sy'n eistedd yn y cefn? Y pedwar yna yw potsieriaid mwyaf Llanandras!'

A gwir oedd geiriau'r rhingyll. Cafwyd y tri yn ddieuog. Gall bwlch mawr fodoli rhwng y gyfraith a chyfiawnder weithiau.

Pan adewais Amwythig i fynd i Ysgol Ymarfer Corff y Fyddin Brydeinig olynwyd fi gan swyddog o Gaerdydd a oedd, fel fi, yn Gymro Cymraeg. Cyn ymuno â'r Gwasanaeth Carchardai bu Tom Beynon yn feili ar y Tywi. Roedd e'n ddyn cydnerth, llawn hiwmor, ac ef oedd yn gyfrifol am yr afon yn ardal Rhandir-mwyn.

Un diwrnod roedd Tom ar ddyletswydd wrth y porth ac yn disgwyl ymweliad gan swyddog o Borstal Boston Lines. Tom Davies oedd hwn, ac yn ddiweddarach ef fyddai fy mhrif swyddog yng Nghanolfan Gadw Brynbuga yn 1964. Roedd Tom Davies, fel Tom Beynon, yn gawr o ddyn. Pan agorodd y naill y drws a gweld y llall fe adnabu'r ddau ei gilydd ar unwaith. Flynyddoedd yn gynharach roedd Tom Davies yn aelod o griw o botsieriaid eog o ardal Rhydaman oedd wedi teithio i ardal Rhandir-mwyn i botsian. Roedd Tom Beynon wedi herio'r criw ac wedi cael ei daflu i'r afon. Ac er iddo eu hadnabod, ni ddaethpwyd ag unrhyw achos yn eu herbyn. Pan welodd y ddau ei gilydd cawsant hwyl fawr gan ddod yn ffrindiau mynwesol.

Yn fuan wedyn bu farw Tom Beynon o glefyd y siwgr tra aeth Tom Davies ymlaen i fod yn Brif Swyddog Gradd 1 (Rheolwr 4). Ni all neb ddianc rhag y gorffennol. Mae Tom Davies yn byw nid nepell oddi wrtha i yng Nghilgerran.

Swyddog da arall o Randir-mwyn oedd Thomas David Jones, cyn-ddisgybl yn Ysgol Ramadeg Llanymddyfri, a ymunodd wedyn â'r Gwarchodlu Cymreig gan ddringo i reng Prif Ringyll. Bu Dave, pan oedd yn ifanc, yn botsier hefyd a disgrifiai sut yr âi ei fam-gu allan gydag ef i ddal y lamp ac i

*Aelod o Fand Tref Castellnewydd Emlyn yn 1936,
y chweched o'r chwith yn y cefn*

Yng ngharchar Amwythig, 1940

Aelod o dîm jiwdo carchar Abertawe, 1954, yr ail o'r chwith yn y cefn.

Uwch Swyddog yn Abertawe, 1956

Swyddog gradd safonol yn Abertawe gyda'r ferch, Yvonne

Y ffrâm, neu'r 'triangle', a ddefnyddid i glymu carcharor ar gyfer ei chwipio

Yng ngharchar Dartmoor, 1960

Carchar Dartmoor a rhan o Princetown

Yng ngharchar Caerloyw mewn lifrai Swyddog Carchar

Yn swyddog ifanc yn Amwythig yn 1949

Yng ngharchar Caerloyw 1963, y pumed o'r dde yn y rhes flaen

Carchar Newport, Ynys Wyth, 1969, gyda'r Arglwydd Mountbatten yn derbyn BEM

Gyda Sallie'r wraig ar Ynys Wyth, 1969

*Yn Ystafell y Swyddogion, carchar Albany,
yn y canol ar ben-draw'r bwrdd yn 1967*

Gyda chydweithiwr a'r ci yng Nghaerloyw, 1963

drywanu'r eogiaid. Roedd ef a Tom Beynon yn adnabod ei gilydd yn dda.

Dave oedd fy ail Uwch Swyddog yn Albany lle gwnaethom rannu aml i broblem. Graddiodd, fel Tom, i reng Uwch Swyddog Gradd 1 (Rheolwr 4). Roedd y ddau ohonom ar Ynys Wyth adeg yr ŵyl roc fawr, digwyddiad na wnaf i fyth mo'i anghofio. Fe wnaethom barhau yn ffrindiau mawr. Tra oedd yn Albany, clwyfwyd Dave mewn ymosodiad. Roedd e'n ddyn y gallwn ymddiried ynddo a byddai'n barod bob amser i ysgwyddo'r baich. Ymddeolodd i fyw yn Cirencester lle bu farw yn 1995.

Yn aml, pan fyddai trafferth mewn carchardai eraill, gofynnid i ni yn Amwythig i gymryd hyd at ugain o ddynion. Deuai galwad yn aml o Wandsworth. Ond ni ddanfonent garcharorion rhesymol bob tro: weithiau fe ddanfonid rhai o'r seicopathiaid gwaethaf posib. Ymhlith y rhain roedd carcharor y gwnaf ei alw'n 'Joe Bloggs'. Petawn yn datgelu ei enw iawn byddai pawb yn ei adnabod. Digon yw dweud iddo fod yn un o gyfeillion pennaf y Brodyr Richardson a'r Brodyr Kray ac iddo, yn ôl ei gyfaddefiad ei hun, lofruddio tri gangster arall ond na chafodd erioed ei gyhuddo o hynny. Roedd yr heddlu, mae'n siŵr, yn falch o weld y tri yn gadael y fuchedd hon.

Cychwynnodd 'Bloggs' fel carcharor ifanc mewn Borstal lle rhwygodd lygad carcharor arall allan o'i soced. Pan ddaeth i Amwythig a'i osod ar fy llawr i, A2, ni wyddwn unrhyw beth am ei orffennol ac fe wnes ei drin fel unrhyw garcharor arall. Ond buan y sylweddolais ei fod yn chwilio am gyfle i'm rhoi dan bwysau ac fe roddais rybudd cynnil iddo. Wrth wneud hyn bûm yn ddigon ffôl i bwyso fy llaw chwith ar ymyl ffrâm ddur ei gell. Heb unrhyw rybudd fe hyrddiodd 'Bloggs' y drws dur trwm ynghau. Symudais fy llaw mewn pryd neu fe fyddwn wedi colli fy mysedd.

Gosodais ei enw ar Adroddiad a'r bore wedyn fe'i hebryngwyd rhwng dau swyddog i sefyll o flaen y Rheolwr. Daeth yn amlwg ei fod mewn tymer ac yn barod i'n herio. Wedi i mi gyflwyno fy nhystiolaeth daeth ei dro ef. Methodd â chynnig unrhyw esboniad dros ei ymddygiad ond fe ddwedodd yn glir ac yn groyw wrth y Rheolwr, pe byddai'n cael ei ddisgyblu, y gwnâi fy lladd i. Ateb y Rheolwr oedd na châi gyfle i wneud hynny. Yna, yn sydyn, rhuthrodd 'Bloggs' at y ddesg a chipio pren mesur trwm. Ceisiodd fy nharo yn fy nhrwyn ond methodd o fodfeddi'n unig. Gafaelais yn fy mhastwn a'i daro rhwng ei ddau lygad. Disgynnodd i'r llawr fel sach o flawd.

Ddyddiau'n ddiweddarach fe'i trosglwyddwyd i Lerpwl lle'r ymosododd ar swyddog drwy ei daro â llafn rhaw. Ni wnaeth fyth faddau i mi, ac roedd 'Bloggs' a minnau i groesi cleddyfau eto yng ngharchar Dartmoor lle ceisiodd fy anafu am yr eildro. Y tro hwn roedd e wrthi'n cwyro edau pan daflodd dalp o gŵyr yn pwyso tua dau bwys tuag at fy mhen. Fe fethodd ac fe wnes ei anwybyddu'n llwyr. Yn ddiweddar fe gyhoeddodd 'Bloggs' ei atgofion ac mae'n cyfeirio at rai o'r digwyddiadau hyn. Ond mae ei fersiwn ef yn dra gwahanol i fy fersiwn i.

Dyna i chi garcharor o'r enw Simpson wedyn, dihiryn ffiaidd a drosglwyddwyd o garchar Birmingham. Fe'i danfonwyd yntau i'm hadran i a daeth yn amlwg o'r dechrau ei fod am fy herio. Roedd gen i lawr cyfan, sef pump a deugain o ddynion, a'r cyfan o dan reolaeth. Heb hynny, fyddai dim gobaith cadw disgyblaeth.

Er na wnâi Simpson droi'n dreisgar, tueddai i fod yn anodd a herfeiddiol bob amser ac am unwaith fe gollais fy hunanddisgyblaeth. Gwyddwn ei fod ar fin cael ei ryddhau a bûm yn ddigon ffôl i'w rybuddio y byddwn, pan gâi ei ryddhau, yn ei ddisgwyl y tu allan i'r porth i setlo'r ffrae.

Roedd hyn yn beth gwirion i'w wneud a'r bore wedyn gofynnodd am yr hawl i gwyno wrth yr Ysgrifennydd Cartref. Roedd gan garcharor yr hawl i weld y Rheolwr, y Bwrdd Ymwelwyr neu ddeisebu'r Ysgrifennydd Cartref unrhyw amser. Ar y pryd roedd pedwar swyddog wedi eu trosglwyddo atom o Birmingham, yn dilyn terfysg. Bu farw carcharor o ganlyniad i hynny y bore wedyn. Yn ei lythyr gofynnodd Simpson am ddiogelwch plismon pan gâi ei ryddhau oherwydd bygythiad. Aeth ymlaen i honni fod pedwar llofrudd o garchar Birmingham yno a bod y Swyddog Lewis yn ddisgybl cymwys iddynt. Fe'm holwyd am y digwyddiad; yn ffodus, deuthum allan o'r ffrae yn groeniach, ond bu'n wers nad anghofiais.

Yn Amwythig y gwelais i'r Birmingham Wand yn cael ei ddefnyddio. Roedd carcharor o'r enw Gordon wedi codi gwarchae yn ei gell. Roedd ar fin cael ei ryddhau yn dilyn treulio cyfnod o garchar am ddwyn gan ddefnyddio trais. Ond gwyddai, o gael ei ryddhau, y byddai'n rhaid iddo fynd i'r fyddin i ymladd yn y Dwyrain Pell.

Roedd e'n ddyn cydnerth a chanddo farf hir a gwallt coch ac yn niwsans llwyr. Methwyd â'i berswadio i agor drws y gell, felly gwthiwyd barrau hirion drwy dwll y golau nwy er mwyn ceisio symud y rhwystrau. Ond bob tro fe wthiai'r barrau o'r neilltu. Felly galwyd am y Birmingham Wand. Hynny yw, fe osodwyd un pen o far haearn ym moeler berwedig y gegin a'i wthio drwy'r twll. Gafaelodd Gordon ym mhen y bar â'i ddwy law. Y tro hwn ni fu'n hir cyn symud y rhwystrau. Ni chawsom unrhyw drafferth gydag e wedyn.

Yn y cyfamser, âi'r rhyfel yn ei flaen a byddem yn derbyn nifer o filwyr oedd wedi llofruddio. Y rhai sy'n aros yn fy nghof yn fwyaf arbennig yw dau ddyn ifanc oedd yn byw o fewn dalgylch y carchar.

Un ohonynt oedd Dickson, bachgen cydnerth a weithiai ar fferm lle cyflogid llanc arall ieuengach nag ef. Roedd Dickson yn eiddigeddus o'r llanc arall, ac un noson ar ôl bod allan yn y pentref aeth i mewn i'r stafell gysgu gyda bilwg yn ei law. Gorchuddiodd wyneb y llanc arall â blanced a'i daro â'r bilwg a'i ladd. Fe'i dedfrydwyd, oherwydd ei ieuenctid, i garchar am oes.

Tra oedd Dickson yn disgwyl y gwrandawiad fe'i gosodwyd mewn cell wylio, rhywbeth a oedd yn gyffredin i'r rhan fwyaf a gyhuddid o lofruddiaeth. Un noson, a minnau'n Swyddog ar Ddyletswydd, roeddwn i yng nghwmni swyddog arall. Yn sydyn fe aeth Dickson yn wallgof a ffyrnig a bu'n rhaid i mi alw'r Swyddog Arolygu o'i swyddfa yn y prif borth. Roedd y gell gwiltiog i fyny ar y pedwerydd llawr ac wrth iddo gael ei hebrwng yno fe ffyrnigodd a bu'n rhaid i mi ddefnyddio pastwn, neu fe fyddai wedi ei hyrddio'i hun a ninnau dros y weiren ddiogelwch.

Galwyd ar y Swyddog Meddygol, ac er i hwnnw ei chwistrellu â thawelyddion roedd e'n dal i gnoi sgidiau'r meddyg. Yn ddiweddarach fe hebryngais Dickson i'r llys, a phan holais ef am y digwyddiad ni allai gofio unrhyw beth amdano. Credaf iddo ddweud y gwir.

Yn yr ail achos roedd llanc ifanc wedi dwyn moto-beic a gwn Sten. Gyrrodd o gwmpas yn chwilio am darged addas a gwelodd wraig yn golchi carreg drws ei chartref. Anelodd y gwn tuag ati a thanio, gan ei lladd yn y fan a'r lle. Dedfrydwyd yntau i garchar am oes. Yn yr achos yn Rhuthun pan oedd y Barnwr wrthi yn cyhoeddi'r ddedfryd fe blygodd y carcharor dros y doc a cheisio tagu'r teipydd oedd yn cofnodi'r gweithgareddau islaw iddo.

Doedd pob carchar ddim yn cynnwys cell grogi – Dartmoor a Parkhurst, er enghraifft. Ym Mrawdlys Henffordd yn 1942 y cefais i'r profiad cyntaf o'r ddedfryd o grogi. Yno roedd rhingyll o'r fyddin ar brawf am ladd gŵr y fenyw a oedd yn gariad iddo yn yr Almaen. Roedd hwn yn ddyn ffiaidd. Ac er iddo dderbyn carchar am oes, gwn am ddynion gwell nag ef a grogwyd.

Wrth i'r rhyfel fynd yn ei flaen, teimlwn braidd yn anniddig. Roedd nifer o'm ffrindiau oedd ar y rhestr-wrth-gefn wedi gadael. Ar y pryd, fe wnaed apêl am Griw Awyr ac roedd y Gwasanaeth Carchardai yn galw am wirfoddolwyr ar gyfer cwrs uwch mewn ymarfer corff.

Fel un oedd wedi bod yn Swyddog Ymarfer Corff yn Amwythig am rai blynyddoedd, gwnes gais am fynychu'r cwrs, yn y gobaith y cawn fy nhrosglwyddo i un o'r lluoedd arfog.

Derbyniwyd fy nghais a gyrrwyd fi i Ysgol Ymarfer Corff y Fyddin, cwrs a oedd hyd yn oed yn uwch na'r un a gynigid yng Ngholeg Loughborough. Yno fe wnes gyfarfod â rhai o gampwyr mwyaf blaenllaw'r cyfnod: Alf Robinson, y bocsiwr pwysau trwm a ymladdodd yn erbyn Tommy Farr, Dave McLeave, Frank Soo, Joe Mercer a llawer un arall.

Roedd y cwrs hwn o ymarfer corff ac ymarferion Commando yn lladdfa pan oedd bomiau hedegog, y *doodle bugs*, yn talu cryn sylw i dde Lloegr. Cynhelid rhai o'r ymarferiadau o gwmpas gwersyll Blackdown lle cawsai Nhad ei leoli adeg y Rhyfel Mawr, ac er nad oedd gen i rif milwrol, medrwn ddefnyddio dryll gystal â'r un milwr. Anodd i'r rhai oedd yng ngofal y cwrs oedd credu nad oeddwn i'n filwr hyfforddedig. Ond roedd gen i brofiad adre yn Nyffryn Teifi o ddefnyddio gwn 12 bôr, 410 a reiffl .22 pan oeddwn yn blentyn 12 oed.

Ar ddiwedd y cwrs dychwelais i Amwythig i ddisgwyl galwad i un o'r lluoedd arfog. Drylliwyd fy ngobeithion pan alwyd arnaf i fod yn swyddog mewn Borstal ym Mrynbuga, Sir Fynwy. Yno roedd rhai o'r drwgweithredwyr ifainc yn gwbl ddi-hid ac yn galed, felly rhaid oedd bod ar ben y sefyllfa gan wrthod derbyn unrhyw ddwli.

Unwaith, a minnau'n martsio criw o tua chant o'r bobl ifainc hyn i wasanaeth eglwysig ym mhentref Brynbuga, fe'm synnwyd o glywed llais yn gweiddi: 'Rho socs iddyn nhw, Llandyfrïog!' Pwy oedd yno ond Thomas Phillips, rheolwr banc ym Mrynbuga a arferai fod yn swyddog ar y Sgowtiaid yng Nghastellnewydd. Roeddwn i'n anhapus ym Mrynbuga a da gen i oedd gweld y rhyfel yn dod i ben er mwyn cael mynd yn ôl i Amwythig.

Ar ddiwedd y rhyfel, daliais ar y cyfle i astudio Seicoleg, Saesneg ac Economeg yn y Coleg Technegol yn Amwythig. Yn ddiweddarach sefais arholiad yng Ngholeg y Staff ar gyfer gradd Rheolwr. Methais y tro cyntaf, ond llwyddais yr eildro. Erbyn hyn, roeddwn i'n briod ac yn dad i ferch fach ac wedi prynu tŷ, a byddai cyflog uwch wedi bod yn fendith. Ond yn y cyfweliad olaf yn Llundain dywedwyd wrthyf na wnes i ddangos digon o ddiddordeb ac y dylwn wneud ail gais. Wnes i ddim, a bodlonais ar aros yn swyddog cyffredin.

Ond daliwn i deimlo awydd i fagu mwy o brofiad, a gwnes gais am gael trosglwyddiad i garchar Abertawe. Byddai hyn yn ddigon agos i gartre a gallwn bysgota ar y Teifi bob yn ail benwythnos. Derbyniwyd fy nghais a symudais i garchar Abertawe fis Ebrill 1950.

YMHLITH Y JACS

Doedd carchar Abertawe fawr gwahanol i garchar Amwythig o ran y math ar garcharorion a gedwid yno, nac ychwaith o ran dyletswyddau llys. Fel yn Amwythig, hefyd, câi grwpiau gwaith gyfle i weithio yn y coedwigoedd. Roedd yr awyrgylch yn fywiog ond ddim mor fywiog ag yn Amwythig.

Yn ystod y blynyddoedd cyntaf, ofnwn imi wneud camgymeriad wrth symud yno, ond doedd dim troi'n ôl. Doedd y Rheolwr, J. L. Scott, ddim y math o ddyn a edmygwn. Tueddai i ymyrryd yn ddiangen ym mywyd y staff. Deuthum i'r penderfyniad fod y Rheolwr a'r Prif Swyddog wedi eu dewis yn fwriadol gyda'r pwrpas o ffrwyno'r elfen filwriaethus a fodolai ymhlith y staff. A hwyrach fod gan y staff achos dros fod yn filwriaethus yn wyneb y modd y gwnâi'r Rheolwr a'r Prif Swyddog gamddefnyddio amodau'r gwasanaeth.

Fe wnes i a Sallie benderfynu o'r dechrau y byddem yn byw yn ein cartref ein hunain yn hytrach na lletya yn un o dai'r carchar. Ond, yn dilyn yr holl fomio a ddioddefwyd adeg y Rhyfel, roedd lletyau addas yn brin. Ar ôl hir chwilio fe ddaethom o hyd i gartref yn Heol Graiglwyd ger y Cocyd ac fe gychwynnodd ein hunig blentyn, Yvonne, ar ei haddysg yn Ysgol Rhodfa'r Gors.

Yn ystod fy nghyfweliad cyntaf â'r Rheolwr fe wnaeth hwnnw fy hysbysu'n gynnil na fwriadai, er fy mod wedi fy nyrchafu i radd Swyddog Dydd, symud unrhyw swyddog cyfatebol i wneud lle i mi. Derbyniais y sefyllfa, ond gan bwysleisio na fyddwn yn hapus pe câi swyddog arall, yn y cyfamser, ei ddyrchafu dros fy mhen i.

Tra oeddwn yn Amwythig bûm yn aelod o Bwyllgor Cymdeithas y Swyddogion Carchar yn ogystal â gwasanaethu fel ysgrifennydd y gangen. Gwyddai'r Rheolwr hyn yn dda ac yn anffodus, ar y pryd, roedd cangen Abertawe o'r gymdeithas yn ei gosod dan gryn bwysau ar wahanol faterion. Teimlai – yn gwbl naturiol ond yn gwbl anghywir hefyd – mai fi oedd yn cynhyrfu'r dyfroedd drwy eu hannog. Ond doedd y sefyllfa ddim yn un hapus o'm rhan i gan mai ef, er fy mod yn deilwng o gael dyrchafiad, fyddai â'r gair olaf.

Gwyddwn fod fy record yn ddilychwin ac na fedrai yn hawdd wrthod cefnogi fy nghais, a medrai ar yr un pryd wneud pethau'n anodd. Roedd tri ohonom ar y pryd yn disgwyl galwad i Lundain am gyfweliad. Galwyd y ddau arall, ond ni alwyd fi. Teimlwn, felly, yn siomedig. Ond pan gyhoeddwyd enwau'r swyddogion llwyddiannus, fy enw i oedd yr unig un o Abertawe i gael ei gynnwys arni. Gwrthodwyd y ddau arall.

Ond y Rheolwr, er hynny, a gafodd y gair olaf drwy nodi ar fy ffurflen fy mod i, er fy mod yn swyddog effeithiol gyda'r gallu i reoli unrhyw sefyllfa gyda'r doethineb a'r dewrder angenrheidiol, yn fwy addas ar gyfer Dartmoor. Ystyrid Dartmoor fel man i ddofi unrhyw swyddog a fynnai dynnu'n groes i syniadau'r Rheolwr.

Er bod fy enw ar y rhestr ar gyfer dyrchafiad, byddai'n rhaid i mi aros am gryn amser cyn i'r argymhelliad gael ei weithredu. Byddai'r Rheolwr yn aros yno am ddwy flynedd arall cyn cael ei symud i Fryste. Cyn iddo ymadael, galwodd amdanaf a'm sicrhau fod gen i enw da yn Abertawe – ond roedd ei eirda braidd yn hwyr.

Doedd Jacs Abertawe ddim mor rhesymol â'r carcharorion a adawswn ar ôl yn Amwythig. Yn wir, dioddefais fwy o drafferthion yn Abertawe mewn dwy flynedd nag a wneuthum gydol fy ngwasanaeth cyn hynny. Doedd pawb, wrth gwrs, ddim yn ddrwg i gyd a chwrddais ag ambell hen gydnabod o'm dyddiau cynnar yng Nghastellnewydd Emlyn.

Bu'r blynyddoedd 1950-56 yn gyfnod diddorol yn Abertawe. Cofiaf yn dda am ddyn mud a byddar o Dalacharn, George Roberts, a gyhuddwyd o lofruddio hen wraig leol yn 1953. Roedd y plismon lleol wedi clywed Mrs Elizabeth Thomas yn gweiddi am gymorth. Aethpwyd â'r dyn, a adwaenid yn lleol fel Booda, i garchar Abertawe, ond gan ei fod yn fud a byddar roedd hi bron yn amhosib cyfathrachu ag ef. Bu dau swyddog o'r heddlu yn ei groesholi am gryn amser. Pan ymddangosodd yn y llys gofynnodd y Barnwr sut y bu'n bosibl i ddyn mud a byddar fod wedi gwneud datganiad mor faith. Fe fethodd y cyhuddiad yn ei erbyn yn llwyr ac fe'i rhyddhawyd. Beirniadwyd y ddau heddwas yn llym a'u disgyblu.

Cofiaf hefyd achos y labrwr o Borth Tywyn a lofruddiodd ddyn yn y modd mwyaf dieflig un nos Sadwrn ar ôl bod allan yn yfed. Fe'i dedfrydwyd ef i'w grogi a'i ddanfon i Abertawe. Ond fe'i hachubwyd rhag y rhaff ar y sail ei fod e'n Gatholig. Yn wir, fe arbedwyd nifer rhag cael eu crogi oherwydd eu hymlyniad i Gatholigiaeth. Roedd hwn yn ddyn cwbl ffiaidd ac yn llawn haeddu cael ei grogi. Fe gwrddais ag ef yn ddiweddarach yng ngharchar Caerloyw. Roedd e'n dal yr un mor ffiaidd.

Cynhaliwyd nifer o ddienyddiadau yn Abertawe. Dyna i chi'r ffermwr o Sir Benfro a lofrudiodd gymydog iddo, a dau ddyn ifanc o'r de oedd wedi llofruddio'u cariadon i fyny ar y mynydd. Crogwyd y ddau.

Yr achos mwyaf diddorol oedd un y ffermwr ifanc a lofruddiodd ei ewythr a'i fodryb er mwyn etifeddu eu fferm yn Llangynin ger San Clêr. Ni achosodd hwn unrhyw broblem i ni. Roedd o wynepryd tywyll a chanddo lygaid brown. Byddai bob amser yn gyfeillgar, ac er nad oedd yn rhy ddeallus roedd e'n gyfrwys tu hwnt. Fi oedd yn gyfrifol am arolygu'r carchar ar y noson cyn ei grogi.

Erbyn hyn roedd gennym reolwr newydd oedd wedi symud o garchar Caerdydd, dyn gwych oedd yn adnabod pobl. Bu'r ddau ohonom yn ffrindiau am flynyddoedd wedyn. Ar noswyl y crogi fe ymwelodd y ddau ohonom â chell y condemniedig droeon.

Credaf i'r ffermwr ifanc a grogwyd gael ei ddallu gan drachwant a theimlwn yn drist iawn dros ei deulu. Bryd hynny, anaml iawn y câi llofrudd heb ddedfrydau blaenorol ei grogi. Ond roedd y llofruddiaeth hon yn un erchyll. Diolchodd teulu'r ffermwr ifanc i ni drwy gyfrwng papur dyddiol am ddangos cydymdeimlad a bod mor garedig adeg eu hymweliadau â'r carchar.

Tua'r un adeg bu achos y ffermwr o Gwm Du ger Llandeilo, Michael Onufrejczyc, cyn-swyddog ym myddin Gwlad Pwyl a gafwyd yn euog o lofruddio'i bartner, Stanislau Sykut. Fel cynfilwr, roedd Onufrejczyc yn gynefin â lladd. Bu'n rhan o frwydr fawr Monte Casino. Er iddo gael ei ddedfrydu i'w grogi, llwyddodd Onufrejczyc i osgoi'r gosb eithaf am ei fod e'n Gatholig. Roeddwn i yng nghwmni'r Rheolwr pan dorrwyd y newydd i Onufrejczyc y câi ei arbed. Wedi i'r Rheolwr adael cell y condemniedig fe drodd y llofrudd ataf a dweud, 'I chi, fy nghalon; i'r Frenhines, fy nghorff; ond i mi fy mharch.'

Dyn rhyfedd oedd hwn. Ni wnâi fyth eistedd. Darllenai drwy'r nos ar ei draed. Roedd e'n chwaraewr gwyddbwyll penigamp, fel cynifer o'i gyd-wladwyr, a dysgodd lawer o driciau'r gêm i mi. Wedi iddo gael ei ryddhau, yn dilyn cwblhau ei ddedfryd o garchar am oes, fe'i trawyd gan gar yn Bradford a'i ladd. Ie, 'drwy ddirgel ffyrdd mae'r Arglwydd Iôr yn dwyn ei waith i ben'.

Un prynhawn cofiaf gurad yn cael ei arwain i mewn ar ôl ei gael yn euog o ddirmyg llys. Ei drosedd, mae'n debyg, oedd heclan yr Esgob a pharhau i wneud hynny er iddo dderbyn rhybudd llys i beidio. Fe'i trosglwyddwyd yn ddiweddarach i Ysbyty'r Meddwl yng Nghaerfyrddin ac yna'i ryddhau.

Yn fuan wedyn bu farw ei dad ac fe ganfuwyd y curad yn y fynwent yn ceisio cloddio tuag at y corff. Ni chredai fod ei dad wedi marw, a phan ddaliwyd ef roedd e bron â chyrraedd at yr arch. Am flynyddoedd, roedd gweld hwn yn crwydro'r ffyrdd rhwng Llandeilo a Chaerfyrddin yn olygfa gyffredin. Roedd e'n ddyn cydnerth a rhyfedd iawn, ond tra oedd yn y carchar nid achosodd unrhyw drafferth i ni.

Mae'n rhyfedd meddwl faint o garcharorion sy'n dod i'r carchar wedi eu difetha gorff ac enaid, ddim ond i newid yn llwyr wedi cyfnod dan glo, gan ddod yn holliach ac mewn rheolaeth o'u bywyd unwaith eto. Bwyta'n rheolaidd, digon o orffwys, dim alcohol a dim ond ychydig o dybaco. Dyna'r feddyginiaeth orau i bob afiechyd.

Fe gawsom un neu ddau o achosion o hunanladdiad yn ystod fy nghyfnod yn Abertawe. Roedd hynny i'w ddisgwyl. Cofiaf ddatgloi cell unwaith a chanfod carcharor wedi ei dorri ei hun dros ei holl gorff â rasel.

Fe wnâi rhai carcharorion y pethau rhyfeddaf. Dyna i chi'r Cocni hwnnw oedd yn niwsans parhaus ac, yn y diwedd, yn gwrthod bwyta. Bryd hynny, o dan y fath amgylchiadau, fe gâi carcharor ei fwydo'n orfodol. Fe'i clymid ar ei wely neu ar fwrdd ac fe wthid tiwb i lawr ei gorn gwddf i'w stumog. Yna fe arllwysid llaeth i lawr i'w stumog.

Meddyg o ysbyty cyfagos a gyflawnai'r gwaith ac ni theimlai'n rhy garedig at garcharor a'i tynnai oddi wrth ei waith arferol er mwyn perfformio gorchwyl mor ddiddiolch. Ei ateb fyddai berwi'r llaeth cyn ei orfodi drwy'r tiwb. Fe achosai hyn i'r carcharor sgrechian mewn poen, ond fe fyddai'n barod i fwyta y bore wedyn. Rhaid weithiau oedd bod yn galed er mwyn bod yn garedig.

O lawr uchaf Asgell 'B' gellid gweld rhan helaeth o gae pêl-droed y Vetch, a phan gynhelid gêm bêl-droed ryngwladol byddem yn sicrhau fod y celloedd yno yn wag ar ein cyfer. Ar adegau felly byddai ambell becyn o sigaréts yn cael ei daflu dros y wal ar gyfer carcharor arbennig. Fel arfer byddent yn disgyn i'r dwylo anghywir – ein dwylo ni.

Treuliasom fel teulu chwe blynedd yn Abertawe, a rhan o'r cyfnod hwnnw yn Stryd Argyle ger glan y môr. Byddem yn ymweld â Dre-fach a Chastellnewydd yn eu tro bob pythefnos. Roedd Yvonne yn mynychu Ysgol Argyle ac yn astudio cerddoriaeth.

Gydol fy ngyrfa yn Abertawe, Amwythig a Wandsworth ni lwyddodd unrhyw un i ddianc. Fe fu yna sawl ymgais i ffoi ond bûm yn gyfrifol am atal tri chais. Yn Abertawe, a minnau ar ddyletswydd nos, fe lwyddodd carcharor a adwaenid fel *The*

Shadow, un o'r Jacs lleol a oedd yn enwog fel troseddwr, i dorri drwy do ei gell. Roedd ganddo raffau wedi eu dwyn o un o'r gweithdai. Sylwodd un o'r swyddogion fod rhywbeth o'i le a galwodd amdanaf. Fy ymateb oedd gadael iddo wneud jobyn go dda cyn neidio arno. Cosbwyd y carcharor yn llym gan Fwrdd yr Ymwelwyr. Caent hwy yr hawl i gosbi'n galetach na'r Rheolwr. Y gosb, yn ddieithriad, fyddai gorfod byw ar fara a dŵr a cholli cyfnod penodol o ddyddiau y medrent eu hennill fel breintiau.

Dro arall roeddwn i'n gadael y carchar ar ôl bod ar ddyletswydd, pan welais ddyn tal mewn dillad bob dydd wedi ei gyffio wrth filwr ifanc yn dod allan o dacsi. Heddwas oedd y dyn ac fe wnaeth rywbeth ffôl iawn drwy ddatgloi'r cyffion cyn mynd â'i garcharor i mewn i'r carchar. Pan welodd y milwr fi fe drodd ar ei sawdl a ffoi i lawr Heol Ystumllwydiarth gyda'r swyddog yn gweiddi a rhedeg, yn ofer, ar ei ôl.

O holi'r gyrrwr tacsi, cefais wybod iddo eu codi ger yr orsaf rheilffordd. Neidiais i mewn a gofyn i'r gyrrwr fy nghludo mewn cylch gan anelu at ben arall Heol Sant Helen. Cyn hir gwelwn y carcharor, bron â cholli ei wynt, yn rhedeg yn syth amdanom. Trodd i fyny cul de sac a llwyddais i'w ddal. Esboniodd iddo gael ei gludo o Hwlffordd a'i fod wedi mynd i banig wrth weld drysau'r carchar. Pan ymddangosodd y milwr o flaen y llys fe gymeradwywyd yr heddwas yn hytrach na mi am ddal y carcharor. Na, fedrwch chi ddim ennill bob tro.

Byddai carchar Abertawe yn gyfrifol am lysoedd barn Caerfyrddin, Aberhonddu, Llambed, Merthyr Tudful a Hwlffordd. Llysoedd Chwarter a Brawdlysoedd oedd y rhain. Fi oedd yn gyfrifol am lysoedd Hwlffordd a Llambed, ond prin iawn oedd yr adegau pan fyddai angen i mi fod yn bresennol. Yn aml gwisgai'r Barnwr bâr o fenig gwynion fel arwydd nad oedd yno achosion i'w hateb. Yn Llambed, câi'r swyddogion carchar giniawa gyda'r Barnwr – braint fawr. Hwn oedd yr unig lys a ganiatâi hynny.

Daeth fy nhymor yn Abertawe i ben. Roedd pum mlynedd o

wasanaeth yn Dartmoor yn fy wynebu. Wrth ffarwelio â charchar, byddai parti go dda. Bu fy mharti ffarwél yn Abertawe yn un cofiadwy. Yn fy araith dyfynnais o Efengyl Ioan, 'Yn nhŷ fy Nhad y mae llawer o drigfannau, a phe amgen, mi a ddywedaswn i chwi, yr wyf yn myned i baratoi lle i chwi.' Wnes i ddim meddwl fy mod i'n broffwyd, ond o fewn pythefnos roedd tri arall o swyddogion Abertawe wedi fy nilyn i Dartmoor!

Y GAER LWYD

Drwy adael Abertawe roeddwn i'n aberthu llawer. Byddwn yn colli'r ymweliadau rheolaidd â Dre-fach a Chastellnewydd. Rhaid hefyd oedd gwerthu'r cartref gan y byddem yn byw yn un o dai'r carchar yn Princetown. Byddem yn symud o ganol Abertawe i le anghysbell gyda dim ond dwy siop yno. A byddai Yvonne yn gorfod newid ysgol unwaith eto. Er hynny, byddwn yn hyrwyddo fy ngyrfa a doedd dim dewis ond symud.

Wnaeth Sallie ddim cwyno o gwbl a theimlwn, felly, fod fy mhenderfyniad yn un cywir. Roedd gen i bymtheng mlynedd ar ôl i'w cwblhau. Yn y pen draw, byddwn yn gwasanaethu am ddeunaw mlynedd ychwanegol.

Ceisiais ddarbwyllo Mam y byddai'r pum mlynedd nesaf yn hedfan yn gyflym. Gyda'i chraffter arferol, rhybuddiodd y gallai llawer ddigwydd mewn pum mlynedd. Roedd hi'n iawn.

Roedd hi'n wanwyn 1956 a ninnau ar ein ffordd i odidowgrwydd Dyfnaint. Carchar i rai oedd wedi eu dyfarnu'n euog oedd Dartmoor, yn wahanol i eraill y bûm yn gwasanaethu ynddynt. Câi ei gydnabod fel y carchar caletaf ym Mhrydain, os nad yn y byd. Fi fyddai'r Uwch Swyddog ieuengaf i wasanaethu yno; yn wir, yr ieuengaf yn y gwasanaeth oll. Gyda llaw, bob tro y dringwn i raddfa uwch, fi fyddai'r ieuengaf erioed i lenwi'r swyddi hynny.

Wrth i'r trên stemio'i ffordd drwy Wlad yr Haf, teimlwn ryw ansicrwydd. Beth fyddai yn fy aros? Roeddwn i wedi darllen am derfysg mawr 1932, am hawl y swyddogion i gario drylliau ac am y dihirod didostur a gedwid yno. Dechreuais amau a gymerais y cam iawn wrth wynebu'r fath her. Ond fe gyrhaeddais orsaf Tavistock lle cefais fy nghludo tua'r carchar gan hen gyfaill.

Ar ôl esgyn i fyny'r ffordd drwy'r gweundir grugog a'r bryniau creigiog am saith milltir, dyma gyrraedd uchder o 14,000 o droedfeddi, bron. Roedd hi'n ddechrau'r gwanwyn, ac yn hwyr y daw'r gwanwyn i Dartmoor. Ond pan ddaw, mae'n esgor ar ryw fath o oleuni sy'n cryfhau wrth i'r tymor fynd yn ei flaen. Yn dilyn misoedd o dywydd mwll a diflas fe all y diwrnod cyntaf o oleuni a chynhesrwydd eich dallu gyda'i holl brydferthwch sydyn a rhyfeddol. Mae'r wybren uwchben yn anferth a'r tywydd yn newid o eiliad i eiliad. Mae'n ymddangos fel petai'r tirlun cyfan wedi cymryd naid sydyn o gysgod y gaeaf i ganol yr haul, a'r diffeithwch wedi ei weddnewid yn rhywbeth dirgel a chroesawgar.

Bryd hynny, nid yn unig y mae Dartmoor yn ein bywhau a'n bywiocáu ond mae hefyd yn creu rhyw ddimensiwn ysbrydol ychwanegol. Fe all bodolaeth anferthol y diffeithwch sy'n hongian o dan yr awyr lwyd, ddiderfyn foddi'r dychymyg yn llwyr. Yno mae hi'n bosibl rhannu perthynas reddfol y dyn cyntefig â natur.

A'r olwg gyntaf o'r carchar ei hun. Yn sydyn, ymddangosodd y gaer ithfaen hon a'i hen, hen hanes. Gallai carchar Dartmoor fod yn gadarnle am fil arall o flynyddoedd. Ymddengys y gaer ithfaen lwyd fel petai ganddi'r gallu i'w hadfer ei hun gyda threiglad amser gan grynu yn y tes ar ddiwrnod heulog.

Fe'i hadeiladwyd gan garcharorion rhyfel o Ffrainc ac America a'r rheiny wedi eu llusgo o berfeddion howldiau carchar-longau Plymouth. Fe'i hagorwyd yn 1806. Yma ac acw ceid ambell arysgrif oedd wedi goroesi. Ac uwchben y prif borth roedd y geiriau Lladin *parcere subjectis*, sef 'arbeded y rhai a drechwyd'. Er i un cymeriad o Gocni fynnu mai ystyr y geiriau oedd 'Parciwch yma, fy mhobl oll'!

Fe'm cyflwynwyd i'r Rheolwr, gŵr yr oeddwn eisoes wedi gweithio yn ei gwmni yn Wakefield, Amwythig ac Abertawe. Roedd hwn yn ddyn a edmygwn yn fawr. Trannoeth, cefais fy arwain o gwmpas y carchar gan Uwch Swyddog oedd ar fin gadael ar ôl pum mlynedd. Fe gymerodd hyn y rhan helaethaf o'r dydd gan fod Dartmoor yn cynnwys fferm anferth.

'Rhyw ddiwrnod,' meddai'r Uwch Swyddog, 'ar ôl bod yma

am gyfnod, fe wnei di ddechrau siarad â'r defaid. Ond paid â gofidio, mae hynny'n naturiol. Ond pan fydd y defaid yn dechrau siarad â ti, yna fe fydd hi'n amser i ti ofyn am gael dy symud i rywle arall.'

Roedd Dartmoor yn cynnwys pum carchar gwahanol, 'A', 'B', 'C', 'D' ac 'E', a 'H', sef yr ysbyty. Daliai'r pedwar cyntaf tua 200 o garcharorion yr un, a phawb yno wedi eu dedfrydu i o leiaf bum mlynedd; gweithredai 'E' fel yr Asgell Gosbi. Roedd yno staff o tua dau gant o swyddogion carchar ynghyd â rhai gweithwyr cyffredin lleol. Yn fy adran i, Asgell 'B', roedd pymtheg o Uwch Swyddogion, ac yno y cedwid rhai o'r carcharorion mwyaf anodd.

Byddai cymeriad swyddog newydd yn cyrraedd o'i flaen, a'r llinyn mesur mwyaf derbyniol fyddai cael eich derbyn fel 'bastard teg'. Teimlwn fy mod i'n haeddu'r fath ddisgrifiad. Gydol fy ngyrfa credaf i mi fod yn gefn i'r sawl oedd ag angen cymorth. Ond os ceisiai rhywun wthio'i lwc a chymryd mantais, doedd dim ffafrau i'w cael.

Bu'r wythnosau cyntaf yn anodd, gyda mwy nag un carcharor yn ceisio fy rhoi dan bwysau. Roedd dau ohonom yn gofalu am ddau gant o garcharorion a thua pump ar hugain o swyddogion. Rhaid oedd cadw'r ddysgl yn wastad ar y naill ochr a'r llall. Yn fuan wedyn, cefais y gwaith o ad-drefnu'r Uwch Swyddogion ac fe gododd hynny nifer o anawsterau.

Gwelwn fod carcharorion Dartmoor yn wahanol i garcharorion eraill. Ceisient osgoi awdurdod a byddent yn amharod i siarad â'r swyddogion am y gallai hynny roi'r argraff eu bod yn cario clecs. Gallai hynny fod yn dyngedfennol. Bodolai sefyllfa, felly, o 'ni a nhw', a'r mwyafrif o'r carcharorion yn droseddwyr caled a digyfaddawd. Rhaid, felly, oedd bod yn gadarn a'r un mor ddigyfaddawd â nhw.

Saif Princetown saith milltir o Tavistock a dwy filltir ar bymtheg o Plymouth. Mae'r gweundir yn ymestyn i'r gogledd am filltiroedd ac mae'n frith o gorsydd a phyllau llaid, a bron yn noeth o ran coed. Weithiau teimlwn ryw unigrwydd dwfn, yn enwedig gyda'r nos, y tywyllwch yn dduach na du tra bod y carchar yn disgleirio fel llong anferth yn hwylio yn yr unfan yn y düwch hwnnw.

Roedd 1956 yn flwyddyn gymharol dawel, a'r haf yn un godidog. Fel arfer, niwl a glaw fyddai ein cydymaith ddydd ar ôl dydd a byddai medru gweld am bellter hwy na chanllath yn fonws. Ond er ei bod yn flwyddyn ddigyffro, daeth sawl newid i'n rhan. Fe beidiodd y trên bach rhwng Plymouth a Princetown â rhedeg a chychwynnwyd gwasanaeth bysys yn ei le. Daeth diwedd hefyd ar hawl swyddogion i gario drylliau. Cyn hynny, cawsai nifer o garcharorion eu saethu wrth iddynt geisio dianc.

Roedd un o garcharorion Dartmoor yn amlwg iawn am ei gwrteisi a'i ddeallusrwydd. Ei enw oedd Smith, ac roedd wedi ei drosglwyddo o Wakefield i dreulio tymor hir dan glo. Tra oedd yn Wakefield roedd e wedi dod yn gyfeillgar â charcharor arall, Klaus Fuchs, a oedd wedi cael ei garcharu am werthu cyfrinachau'r bom atomig i'r Rwsiaid. Gan ei fod e'n gymaint ffrindiau â Fuchs, fe ystyrid Smith yn garcharor pwysig a châi ei drin yn well na'r rhelyw o garcharorion, yn y gobaith fod ganddo wybodaeth bwysig.

Llofrudd oedd Smith a oedd wedi lladd dyn yn 1949, wedi torri'r corff yn ddarnau a gollwng y darnau mewn parseli o awyren uwchlaw aber afon Tafwys. Yn anffodus iddo ef, fe olchwyd y darnau i'r lan ac fe'i harestiwyd. Pan ryddhawyd Smith o Dartmoor yn 1958 ar ôl wyth mlynedd yng ngharchar, fe'i cludwyd i Tavistock yn bersonol gan y Dirprwy Reolwr. Ond ni ddatgelodd unrhyw wybodaeth.

Yn fuan wedyn, symudodd i'r Swistir lle ceisiodd ddwyn o fanc. Wrth wneud hynny, fe saethodd yrrwr tacsi yn farw. Fe'i danfonwyd yn ôl i garchar yn y Swistir am oes ond, yn dilyn ei brofi'n wallgof yn 1976, fe'i danfonwyd yn ôl i Broadmoor. Mae nawr mewn ysbyty i garcharorion yn Southall, Llundain.

Pan fyddai carcharorion yn nesáu at ddiwedd eu dedfryd, fe gaent weithio y tu allan i'r prif furiau, naill ai ar y fferm neu yn y chwarel lle ceid pedwar cwt ar gyfer swyddogion mewn pedair cornel. Yno hefyd safai adeilad lle cedwid ffrwydron ar gyfer chwalu'r ithfaen.

Câi sbwriel ei gasglu gan grwpiau bach o garcharorion gyda swyddog yn gofalu amdanynt. Câi pob carcharor a weithiai y tu allan i'r muriau ei warchod gydol yr amser, ond gwerthfawrogid y rhyddid cymharol hwn. Fel arfer fe âi popeth yn ddidrafferth. A phan dorrai'r carcharor y rheolau, ei gydgarcharorion yn aml a ddefnyddiai eu dull eu hunain o gosbi. A gallai'r gosb fod yn llym.

Bryd hynny, doedd y broblem gyffuriau ddim yn bod. Mae'n wir fod yna fath ar farwniaeth dybaco yn bodoli a cheid gangiau yn cynrychioli dinasoedd fel Leeds, Manceinion, Lerpwl a Llundain. Ceid ymladd yn aml a châi raseli eu defnyddio. Ond byddai cwerylau o'r fath yn cael eu goddef.

Byddai pob ffurf ar grefydd ar gael, ond ychydig iawn a fynychai'r gwasanaethau. Y Catholigion oedd y garfan fwyaf teyrngar, a hynny am fod yr offeiriad Catholig yn y carchar yn un cadarn. O ran Eglwys Loegr, gwrywgydwyr oedd y mwyaf teyrngar ac o'r herwydd tueddai carcharorion eraill i gadw draw.

O'r carchar, gellid gweld y gweundir yn ymestyn am filltiroedd, ac yn aml byddwn yn syllu tua'r gogledd ac yn breuddwydio am Gymru. Roeddwn i'n dal yn bysgotwr brwd ac roedd Dartmoor yn ardal dda am afonydd pysgota. Roedd y Blackmoor gerllaw a'r ddwy afon Dart, yr orllewinol a'r ddwyreiniol. Yn ogystal roedd yno ddigon o nentydd da.

Y tro cyntaf i mi ymweld â Tavistock, fe gwrddais â hen gyfaill o Gastellnewydd Emlyn oedd yn gyfrifydd i Ddug Bedford. O ganlyniad i'n cyfeillgarwch, cawn dragwyddol heol i fwynhau milltiroedd o bysgota preifat.

Wrth i'r flwyddyn dynnu at ei therfyn, cawsom ddau achos o garcharorion yn ceisio ffoi. Yn ddieithriad, bron, liw nos y digwyddai hyn, a hynny ar ôl blynyddoedd o baratoi. Bûm yn ddigon ffodus i ddarganfod un ymdrech oedd wedi'i threfnu'n dda ond a gafodd ei gweithredu'n wael. Roedd y carcharor dan sylw – dyn ffiaidd – yn fab i arolygwr gyda'r heddlu ac wedi creu dymi a'i osod yn ei wely. O syllu drwy'r twll sbio, edrychai'n union fel dyn go iawn yn cysgu.

Roedd hwn hefyd wedi creu arf pwrpasol i blygu barrau'r ffenest. Ond fe boethodd y barrau gymaint fel iddo orfod eu hiro â margarîn oedd wedi'i storio ganddo. Fe dreiddiodd arogl y margarîn tawdd drwy'r asgell ac fe wnaethom ruthro yno ar y funud olaf. Ni cheisiodd ddianc wedyn.

Llwyddodd dau i ddianc o'r gweithdai unwaith, ar brynhawn stormus. Anfonwyd criwiau allan i chwilio amdanynt. Roedd un o'r ddau yn ddihangwr wrth reddf. Llwyddodd y ddau, yn y tywyllwch, i dorri drwy reng o chwilwyr ac anelu am gronfa ddŵr Burrator, sy'n cyflenwi dŵr i Plymouth. Wrth iddynt sefyll ar y canllaw uwchlaw'r gronfa, fe welsant gar yn dynesu. Gan gredu mai car swyddogion neu'r heddlu oedd yno, fe neidiodd y ddau dros y canllaw gan feddwl mai'r ffordd fawr oedd oddi tanynt. Ond fe laniodd y ddau yn nŵr y gronfa. Boddwyd un a daliwyd y llall yn ddiweddarach.

Cofiaf hefyd am ddau frawd o Lerpwl yn paratoi i ddianc. Diolch i wybodaeth fewnol a dderbyniais, fe ddarganfuwyd offer ar gyfer dianc yn eu cell. Fe ddiolchodd un ohonynt i mi wedyn gan ddweud yr ofnai, petaen nhw wedi llwyddo i ddianc, y byddent wedi lladd rhywun.

Roedd gŵr arall o'r enw Cross byth a hefyd yn ceisio dianc. Câi dillad dihangwyr rheolaidd fel ef eu marcio â streipiau gwynion. Wedi iddo gwblhau ei ddedfryd, dychwelodd i'w hen ardal ger Manceinion ac at ei hen ffordd o fyw. Wrth geisio ffrwydro cist dal arian yn agored fe chwythodd ei hun yn ddarnau. Yr unig ffordd o'i adnabod oedd drwy ddarn o groen ei fraich lle'r oedd tatŵ.

Yn 1959 bu farw fy nhad. Roedd hon yn ergyd drom gan iddo fod, y tro diwethaf y bûm yn ôl yn yr hen gartref, yn holliach ac yn fywiog. Do, bu hon yn flwyddyn drist.

Wrth edrych yn ôl ar fy nghyfnod yn Dartmoor, mae ambell

ddigwyddiad yn aros yn y cof. Yn 1957 bu yno derfysg, ond ar raddfa fechan. Gwelsom yr arwyddion mewn pryd, daliwyd yr arweinwyr a'u symud i garchardai eraill. Pan fyddai carchar yn swnllyd yn ystod y dydd, gwyddem fod popeth yn iawn. Ond pan geid tawelwch annaturiol parhaus fe wyddem fod yno gynllwyn ar waith.

Cofiaf hefyd un bore, tra oeddwn ar ddyletswydd yn y gweithdai, ganfod carcharor oedd yn gwaedu'n ddrwg o archoll yn ei ben. Credais mai canlyniad i ymladdfa rhwng dau garcharor oedd hyn ac fe'i hebryngais i'r Asgell Ddisgyblu. Ond ar ôl imi ddychwelyd, dyma ganfod swyddog ifanc yn gorwedd yn anymwybodol ar y llawr. Ni ddywedodd y carcharorion air am y digwyddiad, ond llwyddais i symud y clwyfedig i ysbyty'r swyddogion. Roedd wedi ei anafu'n ddrwg ac yn pasio gwaed.

Tri charcharor tymor hir fu'n gyfrifol am yr ymosodiad. Doedd y swyddog ddim yn rhyw brofiadol iawn a hwyrach heb fod â'r doethineb angenrheidiol i ddelio â'r sefyllfa. Roedd yno gred na fyddai swyddog wedi ei hyfforddi'n ddigonol heb o leiaf saith mlynedd o brofiad y tu ôl iddo.

Rhaid oedd ymateb i'r digwyddiad. Ar gais Uwch Swyddog dewisais bedwar y medrwn ddibynnu arnynt a'u paratoi'n drylwyr. Fe ddeliodd y rheiny â'r tri ymosodwr, ond yn anffodus fe aeth tri ohonynt dros ben llestri. Ond roedd hunan-barch wedi ei adfer.

Rywsut, fe ddaeth y digwyddiad i glyw'r awdurdodau a galwyd am ymchwiliad. Er mawr siom a syndod i mi, fe benderfynodd yr Uwch Swyddog a sbardunodd y gosb wadu pob cyfrifoldeb a'm gadael i i wynebu'r sefyllfa. Fy ateb oedd: 'Ni fu gen i lawer o barch tuag atoch chi, ond nawr rydych wedi difetha'r cyfan.'

Cynhaliwyd ymchwiliad, ond dewisodd y tri charcharor beidio â dweud dim. Ac ym marn y Swyddog Meddygol, Dr Joseph Lloyd o Dregaron, roedd yr anafiadau a ddioddefodd y tri yn gyson ag anafiadau y gallent eu dioddef tra oeddynt yn gwrthod cael eu harestio ar eu ffordd i lawr y grisiau haearn. Daeth y cyfan i ben yn dderbyniol, ac fe gysgais yn dawel y noson honno.

Yn ddiweddarach, a minnau'n Uwch Swyddog Dosbarth 1, cwrddais ag un o'r tri charcharor a threfnais swydd ddiddorol iddo yng ngharchar Parkhurst lle'r oedd hen ffrind i mi yn Uwch Swyddog.

Roedd Dr Joseph Lloyd yn gymeriad arbennig. Roedd wedi bod yn Gyrnol yng nghangen feddygol y Lluoedd Arfog ac roedd yn ewythr i Dewi Bebb. Roedd e'n ddyn cywir iawn. Os oedd rhywun yn haeddu triniaeth feddygol, fe'i câi. Ond gwae'r sawl a geisiai ei dwyllo. Carai farddoniaeth a ffolai ar y gynghanedd. Fe ysmygai'n drwm am dri mis ac yna rhoi'r arferiad heibio am naw mis. Gwnâi'r un peth gydag alcohol.

Mae stori amdano pan wasanaethai mewn ysbyty anferth yng Nghairo a'r lle yn orlawn o filwyr wedi dod o'r ffrynt. Danfonwyd peiriant EEG i'r ysbyty, peiriant a achosai sioc drydan i'r cleifion fel rhan o'r driniaeth. Mynnodd Dr Lloyd fod y peiriant yn cael ei osod nid mewn stafell breifat ond yng nghanol un o'r wardiau mwyaf. Pan dderbyniodd y claf cyntaf ei ddogn o drydan fe sgrechiodd gymaint fel bod y mwyafrif mawr o'r gweddill wedi eu hesgusodi eu hunain a dychwelyd i'w gwahanol unedau milwrol. O fewn wythnos, fe lwyddodd Dr Lloyd i wacáu'r ysbyty. Gallai weld drwy dwyll ar unwaith.

Un tro, yn Dartmoor, gwyddai o'r gorau fod carcharor yn ffugio salwch ac fe orchmynnodd, 'Cod o dy wely, y bastard diog!' Gofynnodd y carcharor am ganiatâd i gwyno wrth yr Ysgrifennydd Cartref. Ac, yn ôl y drefn, cafodd wneud hynny. Ateb Dr Lloyd i'r cyhuddiad oedd: 'Wnes i ddim erioed gyfeirio at y carcharor hwn ond yn y modd mwyaf cymwys'. Ateb gorchestol.

Weithiau, ac yntau wedi cael diferyn yn ormod, fe gyhoeddai yn yr Ystafell Warchod o flaen y dynion i gyd: 'Lewis yw'r unig Uwch Swyddog pur o frîd yn eich plith chi i gyd'. Fi, wrth gwrs, oedd yr unig Gymro Cymraeg yn eu mysg. Dim ond mewn lle fel Tregaron y gallai dyn fel Dr Lloyd fod wedi cael ei eni.

Medrwn ysgrifennu cyfrol gyfan am Dartmoor. Cofiaf am un digwyddiad pan gipiodd dau garcharor dancer olew a'i gyrru drwy ddrws dur caeedig. Ni lwyddodd y ddau i fynd ymhell, ond fe wnaethon nhw ddifetha'r fynedfa a'r lorri!

Un prynhawn Sul wedyn, a'r ffilm *The Blue Lamp* yn cael ei dangos yn y capel mawr a ddefnyddid fel sinema, clywyd cythrwfl yn y seddi ôl a phan wnaethom ruthro yno cawsom garcharor wedi marw. Wedi ei gwthio drwy ei gefn i'w galon roedd nodwydd fatras chwe modfedd o hyd. Fe wyddem yn dda pwy oedd y llofrudd – aelod o gang o ddynion duon o Gaerwrangon – ond methwyd â phrofi dim.

Pan gâi carcharorion eu rhyddhau caent eu cludo i Tavistock a'u rhybuddio i'w heglu hi oddi yno ar unwaith neu wynebu cyhuddiad o sefyllian gyda bwriad. Cofiaf un hen làg cyn ffarwelio yn syllu yn ôl ar y bryniau uwchlaw'r carchar. 'Mr Lewis,' meddai, 'mae unrhyw un sydd wedi treulio deng mlynedd yn y fan yna yn haeddu cael ei holl bechodau wedi eu maddau.' Ni fedrwn ond cytuno ag ef.

Bob mis cymerem ein tro i hebrwng carcharorion i Pentonville neu Wandsworth i'w gwneud hi'n haws iddynt dderbyn ymwelwyr. Yn aml byddai'n rhy ddrud neu'n rhy bell i deuluoedd deithio i Dartmoor. Ar y daith yn ôl o Lundain byddem yn hebrwng rhwng 30 a 40 o garcharorion a gâi eu trosglwyddo o garchardai Llundain i Dartmoor. Defnyddiem fws, neu weithiau ddau fws, i Waterloo ac yna'r trên i Tavistock. Gan fod prinder swyddogion, doedd neb yn edrych ymlaen at y ddyletswydd hwn. Byddai un Uwch Swyddog yng ngofal y gwaith a tua chwe swyddog yn gwarchod y carcharorion nad oeddent, a dweud y lleiaf, yn edrych ymlaen at fynd i Dartmoor.

Byddai teithiau o'r fath yn llawn tyndra ar y gorau. Cyn un o'r teithiau i Lundain fe alwodd Uwch Swyddog Gradd 2 fi ato a dweud iddo dderbyn gwybodaeth ddirgel y gallai un o chwe charcharor ar y daith i Lundain fod â'i fryd ar smyglo gwn ar y trên gyda'r bwriad o ddianc. Byddai sibrydion fel hyn yn ddigon cyffredin a thueddem i'w hanwybyddu. Dangosodd yr Uwch Swyddog fwled i mi a dweud fod y sibrydion yn sôn am ddwsin o fwledi tebyg, a phistol Lee Enfield.

Y bore wedyn, cyn y siwrnai, torrais y newydd i weddill y tîm gwarchod a chynhaliwyd archwiliad noeth o'r chwe charcharor. Roedd y tîm yn un profiadol ac wedi ei hyfforddi'n drylwyr ar gyfer y gwaith.

Euthum ati wedyn i ddyfalu pa un o'r chwe charcharor a allai fod y mwyaf peryglus. Gwyddwn fod pedwar ohonynt yn rhai digon difalais ond roedd dau ohonynt yn beryglus, un yn arbennig. Roedd Sinclair wedi saethu dau blismon yn Swydd Efrog. Ond, yn dilyn yr archwiliad, gwyddem i sicrwydd nad oedd dryll ym meddiant un o'r carcharorion. Roedd Sallie wedi paratoi brechdanau cyw iâr i mi, ac ar y trên cynigiais eu rhannu â'r carcharorion. Ond gwrthod wnaeth y chwech. Byddai hawl gan swyddog i rannu unrhyw beth â charcharorion, ar wahân i ddiod feddwol. Gwrthododd y chwech hefyd gynnig o sigarét. Gwyddwn yn awr fod rhywbeth ar droed a cheisiais gyfleu fy ofnau i weddill y tîm.

Teithiodd y trên yn ei flaen am Salisbury a'r cerbydau i gyd, erbyn hyn, yn llawn. Dechreuais amau fod gan y ddau garcharor peryglus gynorthwywyr ar y trên yn barod i'w rhyddhau. Yn y cyfamser, roedd pawb yn gwbl dawel a theimlwn yn anniddig iawn. Edrychais ar y Swyddog Hebrwng a sylweddoli ei fod ef yn gwbl ddi-hid.

Yna dyma'r swyddog mwyaf profiadol yn ein plith yn gofyn am ganiatâd i fynd am baned yn y cerbyd bwyd. Gwyddwn na chawsai amser i fwyta brecwast cyn gadael. Doeddwn i ddim yn hapus am absenoldeb rhywun mor brofiadol, ond rhoddais ganiatâd iddo fynd.

Gadawodd y swyddog, ond sylwais iddo droi i'r dde tua'r toiled yn hytrach nag i'r chwith am y cerbyd bwyd. Gwyddwn hefyd y byddai un o'r carcharorion cyn hir yn debygol o ofyn am gael defnyddio'r toiled. Teimlwn yn awyddus, felly, i'r toiled gael ei archwilio rhag ofn fod y gwn wedi'i guddio yno. Llwyddais i gyfleu fy neges i swyddog Pwylaidd oedd yn aelod o'r tîm, dyn a siaradai bum iaith. Pan ddychwelodd hwnnw at ddrws y cerbyd amneidiodd arnaf i fynd ato. Er mawr syndod i mi daliai bistol a llond bag plastig o fwledi. Gwyddwn yn awr fod yna gynorthwywyr ar y trên a chymerais y pistol a'r bwledi.

Roedd hi'n hollbwysig yn awr i mi beidio dangos fod y gwn a'r bwledi yn fy meddiant. Roedd hi'n bwysicach fyth i mi ddanfon neges i Dartmoor yn galw am gymorth yn Waterloo. Ond pan stopiodd y trên yn Salisbury doedd yna'r un plismon yn agos i'r lle. Cefais gyfle i rybuddio gwarchodwr y trên i gysylltu ar unwaith â Dartmoor ac erbyn i ni gyrraedd Waterloo roedd carfan gref o swyddogion o Scotland Yard yn aros amdanom. Yn y cyfamser, ychydig cyn cyrraedd Waterloo, gofynnodd Sinclair am gael defnyddio'r toiled. Fe'i hebryngais yno wedi ei gysylltu â chadwyn. Medrwn ei glywed yr ochr arall i'r drws yn chwilota am y gwn a'r bwledi. Teimlwn awydd defnyddio'r gwn i'w saethu yn y fan a'r lle, ond rhaid oedd ymarfer doethineb yn y fath sefyllfa.

Erbyn y daith yn ôl, roedd yr argyfwng ar ben. Ym mhob gorsaf roedd gohebwyr y wasg yn aros, pob un am wybod yr hanes. Dywedais wrthynt am gysylltu â Rheolwr Dartmoor.

Fe wnaeth y digwyddiad beri pryder imi am gryn amser. Sut oedd y bwledi yr union nifer ag y proffwydodd y Rheolwr? Roedd y cyfan yn ddirgelwch mawr, ond ymhen amser fe dderbyniais y digwyddiad fel rhywbeth na chawn fyth ateb iddo.

Fisoedd yn ddiweddarach, wrth i mi baratoi'r amserlen ddyletswydd wythnosol, hysbyswyd fi fod carcharor am fy ngweld. Dyn cymharol ifanc oedd y carcharor, wedi ei ddedfrydu am fwrgleriaeth ddi-drais. Erfyniodd arnaf i gadw'i enw yn gwbl gyfrinachol ac imi anghofio fy mod erioed wedi siarad ag ef. Sylweddolais ar unwaith ei fod yn ei osod ei hun mewn perygl petai carcharorion eraill yn dod i ddeall ei fod wedi cynorthwyo'r awdurdodau. Roedd e'n amlwg o dan gryn straen ac yn ei chael hi'n anodd i dorri geiriau. Yna esboniodd fod nifer o'i gyd-garcharorion yn ddig iawn am i mi gael fy ngosod mewn cymaint o berygl ar y trên. Datgelodd nad 'dyn mewn llwyd', sef carcharor, oedd wedi bod yn gyfrifol am smyglo'r gwn a'r bwledi ond, yn hytrach, 'dyn mewn glas', sef swyddog carchar. Roedd y swyddog, meddai, wedi cael ei lwgrwobrwyo, y noson cyn y daith. Ni fynnai egluro mwy. Ceisiais fy ngorau i guddio fy syndod. Diolchais iddo a'i ddanfon yn ôl at ei waith.

Nawr roedd y darnau'n dechrau disgyn i'w lle. Os nad carcharor oedd yn gyfrifol, y cam nesaf oedd f'atgoffa fy hun pa swyddog oedd ar ddyletswydd yn Neuadd 'D' ar y noson dan sylw. Yna cofiais am ymddygiad rhyfedd yr Uwch Swyddog hwnnw ar y trên, a'r ffaith iddo adael y garfan hebrwng heb ganiatâd yn Pentonville. Doedd hynny ddim yn ymddygiad difrifol, ond yr oedd yn anarferol. Teimlwn mai yma y gorweddai'r allwedd i'r cyfan.

Er nad oedd gen i brawf pendant, dyfnhaodd f'amheuon fod y swyddog dan sylw yn amau fy mod ar ei drywydd gan iddo, ychydig yn ddiweddarach, wneud cais am gael symud i ganolfan Borstal. Er bod ganddo'r hawl, ar ôl deng mlynedd o wasanaeth, i gael ei symud, doedd ganddo ddim profiad o weithio mewn Borstal. Daeth yn amlwg i mi ei fod e'n awyddus i adael. Gwyddai, mae'n debyg, fod ei ddyddiau wedi eu rhifo a bod pris ar ei groen am i'r ymdrech fethu. Doedd gen i ddim digon o dystiolaeth i'w gyhuddo, ond llwyddais i gael rhywun i gadw golwg arno yn y Borstal yn Portsmouth.

Yn ddiweddarach cefais neges yn fy hysbysu fod y swyddog hwn yn ddifrifol wael gyda thyfiant ar ei ymennydd. Bûm yn meddwl droeon ai'r salwch hwnnw a barodd iddo gyflawni'r twyll? Ynteu ai'r gofid am gyflawni'r twyll a achosodd y tyfiant? Daeth drwy'r llawdriniaeth, ond ni fu erioed yr un fath wedyn.

Teimlais reidrwydd i baratoi adroddiad i'r Prif Reolwr Carchardai. Daeth Cyfarwyddwr Carchardai i lawr o Lundain i'm gweld, ond roedd profi'r amheuon yn fater arall. Gobeithio fod y cyn-swyddog yn mwynhau ei bensiwn heb i'w gydwybod ei flino. Gallwn i, ar y llaw arall, fod wedi colli mwy na phensiwn.

Mae smyglo unrhyw beth i mewn neu allan o garchar yn drosedd ddifrifol. Pan fo swyddog yn euog o hynny mae'n berygl i bawb, yn arbennig i'w gyd-swyddogion. Ac, wrth gwrs, iddo'i hun. Cofiaf gaplan yn Wandsworth yn smyglo allan gofnod meddygol i ymgyrchydd gwrth-grogi a derbyn £1,000 am ei frad. Mae Jiwdas gyda ni bob amser.

Clywn byth a hefyd y dyddiau hyn am brotestiadau, gwrthdaro, terfysg a thrais yn erbyn yr heddlu a swyddogion carchar. Pan fydd hyn yn digwydd, gall y dynion mwyaf heddychlon a thawel droi'n fwystfilod treisgar, weithiau'n ymateb i anogaeth eraill.

Cofiaf swyddog ifanc o Aberdyfi, a fu'n cydweithio â mi gynt yn Amwythig ac Abertawe, ar ddyletswydd yn efail y gof, rhan o weithdai Dartmoor. Doedd yr efail, ar y gorau, gyda'i mwg a'i sŵn a'r math o garcharor a geid yno, ddim y man delfrydol i weithio ynddo. Roedd y gŵr ifanc, Jones, bob amser yn eiddgar ac yn gywir, yn rhy gywir hwyrach, gan iddo gael ei lusgo o'i safle, ei glymu a'i gicio'n ddidrugaredd. Llwyddodd ei ymosodwyr i ddianc dros wal y gweithdy. Seiniwyd y larwm a galwyd ar y patrôls i wahanol fannau.

Daliwyd yr ymosodwyr ar unwaith, ond wrth iddynt gael eu hebrwng yn ôl drwy'r brif fynedfa roedd carfan o'r staff yn gadael eu dyletswyddau. Fel arfer, mewn sefyllfa o'r fath, ni fyddai unrhyw wrthdaro. Ond roedd y modd ciaidd yr ymosodwyd ar Jones wedi cythruddo pawb. Wrth i'r ymosodwyr gael eu rhyddhau o gefn y cerbyd a oedd wedi eu cludo'n ôl, fe aeth y swyddogion yn wyllt gan ymosod ar y ddau. Methodd y swyddogion uwch â rheoli'r swyddogion cyffredin, ac fe drodd dynion oedd yn gyfarwydd â disgyblaeth a rheolaeth yn gwbl afresymol a threisgar. Does dim byd yn fwy peryglus na thorf wedi gwallgofi.

Gydag amser, fe all Dartmoor, gyda'i chwedlau di-rif, fel hanes *The Hound of the Baskervilles* a storïau Dorothy L. Sayers a'r goel mewn Tylwyth Teg, eich meddiannu'n llwyr. Synnais o sylweddoli fod pobl leol yn dal i gredu yn y Tylwyth Teg a'u dawn i hudo. Ddoe, nid heddiw, sy'n teyrnasu ar Dartmoor. Gwyddai'r trigolion yn reddfol os byddai rhywun yn cydymdeimlo â'u hanesion. Ac unwaith y câi rhywun ei dderbyn, câi ei barchu.

Deuthum i wybod am y pyllau pysgota gorau a'r mannau dirgel a diogel. A phan ddeuai'r eogiaid i fyny i fwrw eu hwyau, cawn wybod ble byddai'r beilïaid yn llechu. Deuai'r rheiny, bedwar ohonynt, i letya yn Princetown yn gynnar fis Tachwedd. Caent eu gwahodd yn aml gan y trigolion am gêm o ddartiau yn y Plume and Feather. Ar y nosweithiau hynny, câi'r eogiaid eu cipio – a doedd dim prinder eogiaid ar Dartmoor.

Pan ddeuai'r haf, tyrrai'r ymwelwyr i syllu ar y carchar ac ar y carcharorion, wrth gwrs. Byddai rhai menywod yn ddigon gwirion i wisgo trowseri cwta a dillad ysgafn gan syllu ar garcharor nad oedd, hwyrach, wedi gweld menyw ers pump neu ddeng mlynedd. Byddai ymwelwyr hefyd yn bwydo'r ceffylau hanner-gwyllt a grwydrai drwy'r pentref. Ni wnâi'r trigolion fynd i'r drafferth o'u bwydo gan y byddai'r creaduriaid yn anniolchgar iawn. Ar ôl cael eu bwydo ag afalau neu fara, byddent yn ddigon digywilydd i gicio'r rhai a'u bwydodd. Credai rhai pobl ofergoelus fod y ceffylau'n cario eneidiau carcharorion marw.

Ni welais i erioed garcharor yn cam-drin anifail: i'r gwrthwyneb. Ar y fferm byddai ceffylau, defaid a gwartheg. Byddent yn bwydo'r ceffylau mor dda fel y byddai'r rheiny weithiau yn dioddef o'r llid llafnog. Gallai carcharorion fod yn bobl ryfedd, yn fodlon lladd am geiniog ond eto i gyd yn barod i roi gwaed pan alwai'r gwasanaeth trallwyso heibio. Mae rhyw ddrwg yn y gorau ohonom, a rhyw dda yn y gwaethaf. Y gyfrinach yw canfod ymhle mae'r naill a'r llall yn gorwedd.

Câi'r carcharorion ganiatâd i gadw adar yn eu celloedd.

Roedd un wedi dal ac wedi dofi jac-y-do ac fe'i gwelid yn aml gyda'r aderyn ar ei ysgwydd yn crawcian fel rhyw barot gwallgof. Adeg parêd boreol, gyda thua mil o garcharorion yn bresennol, rhyfedd oedd gweld yr aderyn yn ymddangos yn sydyn yn yr awyr, yn hedfan mewn cylch ac yna'n glanio ar ysgwydd ei berchennog. Er bod y carcharorion i gyd wedi'u gwisgo yr un fath, ni fethai'r aderyn â disgyn ar yr ysgwydd iawn.

Pan ryddhawyd y carcharor, cafodd fynd â'r jac-y-do gydag ef. O gyrraedd Llundain, aeth at y wasg a'u twyllo mai ef ei hun oedd wedi deor yr ŵy drwy ei gadw o dan ei gesail: prawf arall nad yw'r wasg a'r gwir yn gymdogion hapus iawn.

Byddai rhyw her newydd yn ein hwynebu byth a hefyd yn Dartmoor. Ar nosweithiau iasol y gaeaf, a gwynt y dwyrain yn treiddio hyd fêr yr esgyrn, dim ond un dilledyn a allai wrthsefyll yr oerni. Gwisg rwber drom o'r pen i'r traed oedd honno. Fe'i galwem yn Dartmoor Heavies. Weithiau, ar ôl dychwelyd o'm dyletswydd i'r Stafell Warchod a diosg y wisg, byddai'n amhosib ei hongian ar fachyn gan y byddai wedi rhewi'n gorn. Byddwn yn ei gadael i sefyll yn y gornel ac yno y safai nes iddi doddi.

Ond roedd Dartmoor yn newid. Mae wedi newid, ac ni fydd fyth yr un fath eto. Dim ond rhywun a fu'n garcharor yno a gâi ei dderbyn gan yr is-fyd troseddol. Dartmoor oedd eu prifysgol.

Erbyn hyn, roeddwn i wedi gwneud fy rhan yno. Roedd gen i un o'r neuaddau o dan fy ngofal, roeddwn i wedi bod yn Brif Swyddog Dyletswyddol ac wedi cyrraedd rheng Prif Swyddog Gweithredol Dosbarth 2. Roedd fy nhymor o bum mlynedd ymron ar ben. Roeddwn wedi cael profiad o bob dyletswydd bosibl.

Yn y cyfamser, clywais fod agoriad i swyddog Rheng Uwch yn dod yn rhydd yng ngharchar Caerloyw. Gwyddwn yn dda am y lle. Roedd e'n garchar bach twt, ond prysur, a wasanaethai lysoedd Caerloyw ei hun, Henffordd a Chaerwrangon. Ar ôl trafod â'r teulu fe anfonais gais am gael fy symud. Derbyniais ateb oddi wrth y Comisiynydd Carchardai a'm siomodd yn fawr. Doedd y pum mlynedd a dreuliais yn Dartmoor ond yn berthnasol i'r graddau sylfaenol. Roedd oblygiadau yn hyn i bob swyddog arall tebyg i mi. Galwyd am gyfarfod o Gymdeithas y Swyddogion Carchar ac am bresenoldeb Ysgrifennydd Cyffredinol y mudiad hwnnw. Addawodd hwnnw y câi'r sefyllfa ei newid.

Ond daeth siom arall. Penodwyd i'r swydd Is-Brif Swyddog. Teimlwn y dylai hwnnw fod wedi ei ddanfon i Dartmoor fel y cawn i fy rhyddhau. Am y tro cyntaf yn fy mywyd, teimlwn awydd cicio dros y tresi. Teimlwn i mi gael cam ac ni wyddwn ble i droi.

Yn ffodus, roedd gen i nifer o ffrindiau yng Nghaerloyw ac ar ôl tua chwe mis dyma glywed fod y Prif Swyddog newydd wedi methu ei gyfnod prawf ac wedi ei ailosod ar ei raddfa wreiddiol. Cysylltais ar unwaith ag Ysgrifennydd yr Undeb yn hytrach na mynd drwy'r sianeli arferol o anfon cais at y Comisiynydd Carchardai. Fe dalwn am hyn yn ddiweddarach. Ond rhaid oedd gosod fy nghardiau ar y bwrdd. O fewn awr, cefais wybod i mi fod yn llwyddiannus.

AR LANNAU HAFREN

Ym mis Mai 1961, fe symudais ar fy mhen fy hun i Gaerloyw fel Uwch Brif Swyddog. Ac o'r dechrau, gwyddwn i mi wneud y dewis iawn.

Cefais lety yn annedd y carchar uwchlaw afon Hafren a medrwn weld bryniau Cymru yn y pellter. Roeddwn i bron iawn â bod adre. Yn ffodus, hefyd, roeddwn i'n adnabod nifer dda o'r staff, gan gynnwys y Rheolwr, a oedd yn gwasanaethu yn Dartmoor pan ymunais gyntaf â'r carchar hwnnw.

O fewn pythefnos, roeddwn wedi trefnu i weddill y teulu fy nilyn o Princetown. Roedd hwnnw'n fore trist iawn. Doedd hyd yn oed y ci, Boko, ddim am adael. Byddai'n gweld colli ei grwydradau hir dros y waun. Roedd Yvonne hithau yn ei dagrau wrth i ran sylweddol o'n bywyd ddiflannu am byth. Er gwaethaf hynny, teimlwn i mi wneud y peth iawn. Doedd Dartmoor ddim yn lle addas ar gyfer merch oedd erbyn hyn bron yn un ar bymtheg oed.

Fe wnaethom deimlo'n gartrefol o'r dechrau. Treuliodd Sallie yr wythnos gyntaf yn crwydro'r siopau. Cawsom gartref mewn man cyfleus ynghanol y dref yng nghyffiniau Swyddfa'r Heddlu, y barics a'r Eglwys Gadeiriol. Cychwynnodd Yvonne yn y Coleg Technegol gerllaw, yn hytrach na mynychu Ysgol Uwch Barton, ac ymddangosai popeth yn dda.

Yna, yn fuan wedi i ni gyrraedd bu farw Mam a theimlwn fel pe bai fy holl gynlluniau wedi mynd i'r gwellt. Roedd hwn yn gyfnod trist iawn. Cofiais ei geiriau pan rybuddiodd fi y gallai llawer ddigwydd mewn pum mlynedd. Ond roedd rhieni Sallie yn dal yn fyw ac fe fyddem, fel cynt, yn ymweld yn rheolaidd â'r hen fro.

Roedd carchar Caerloyw yn lle prysur, gyda dalgylch eang ar gyfer carcharorion o bob math. Ond ni fyddai carcharorion tymor-hir yn aros mwy na chwe mis yno cyn cael eu trosglwyddo i garchardai mwy addas ar eu cyfer. Fi oedd Prif

Swyddog y Ganolfan yn ogystal â bod yn Brif Swyddog Gweithredol. Rhaid fyddai i mi gyflawni'r gorchwyl hwnnw'n aml gan nad oedd y Prif Swyddog Dosbarth 1 yn dda ei iechyd. Fi hefyd oedd â gofal dros Frawdlysoedd a Sesiynau Chwarterol Caerwrangon a Henffordd.

Yn y llysoedd hynny, byddai rhywun yn dysgu llawer. A'r wers fwyaf oedd sylweddoli nad oedd cyfiawnder a'r gyfraith bob amser yn mynd law yn llaw. Llwyfan yw'r byd i gyd, meddai Shakespeare, a phawb ohonom yn actorion yn chwarae gwahanol rannau. Ond dysgais ei bod hi'n bosib, os yw'r modd gennych, i brynu cyfiawnder.

Eto i gyd fe geid digon o hiwmor yn y llysoedd hyn. Dyna i chi'r achos hwnnw yng Nghaerwrangon pan wrthododd dyn croenddu gymryd y llw ar y Beibl. Fel Mwslim, mynnai gael tyngu llw ar y Corân. Ar unwaith, dyma'r Clerc yn gosod copi o'r Corân mewn lliain gwyn, yn ôl y ddefod Fwslemaidd, ac yn ei drosglwyddo i'r diffynnydd. Tyngodd hwnnw'r llw yn ddidrafferth.

Ar ddiwedd yr achos, wrth i mi gasglu'r manylion traddodi, fe es i longyfarch y Clerc am fod mor barod gyda'i gopi o'r Corân. Gwenodd wrth ateb. 'Nid copi o'r Corân oedd e,' meddai, 'ond copi o *Lady Chatterley's Lover* oedd yn digwydd bod yn nrôr fy nesg!'

Câi tri gwahanol lys eu gweinyddu ar yr un pryd yng Nghaerloyw, a byddai rhywbeth yn digwydd byth a hefyd i wneud bywyd yn ddiddorol. Fe fyddwn i'n aros yng nghyffiniau'r celloedd bob amser rhag ofn y byddai fy angen. Un dydd, cafwyd carcharor yn ddieuog o drosedd, ond ni wyddai'r Barnwr fod hwn eisoes yn treulio dedfryd o garchar am drosedd arall. Cyhoeddodd y Barnwr fod y dyn yn rhydd i adael. Ceisiodd y swyddog yn y doc egluro, ond yn ofer. Gwylltiodd y Barnwr a gorchymyn eto fod y carcharor i gael ei ryddhau. Mae Barnwr yn ddeddf ynddo'i hun a pheth ffôl yw ceisio dadlau ag ef. Felly fe ufuddhaodd y swyddog a rhyddhawyd y dyn.

Rhedodd y swyddog ataf gan adrodd yr hanes. Sylweddolais ar unwaith fod hwn yn fater pwysig a danfonais swyddog arall allan i'r strydoedd i chwilio am y carcharor nad oedd, mae'n siŵr, yn medru credu ei lwc. Yn ffodus, er mawr ryddhad i ni, fe lwyddwyd i ddod o hyd iddo a'i hebrwng yn ôl. Ydyn, mae Barnwyr yn medru bod yn hynod o dwp weithiau.

Dro arall, roedd carcharor oedd newydd gael ei ddedfrydu i bum mlynedd o garchar yn yfed paned o de yn fy nghwmni i a rhingyll lleol. Gofynnodd a gâi weld ei wraig. Gan fod y rhingyll yn ei adnabod, cytunais i'w gais ac aeth y rhingyll i chwilio amdani. Dychwelodd gyda'r newydd fod y wraig wedi gwrthod gweld y carcharor. Roeddem yn sefyll mewn coridor hir ar y pryd gyda ffenest yn y pen draw. Ymateb y carcharor oedd rhuthro i lawr y coridor a'i hyrddio'i hun at y ffenest. Ymddangosai yn ffenest fach ddigon bregus, ond roedd iddi fframwaith dur. Trawodd y carcharor ei hun yn anymwybodol a gorweddai yno ar y llawr. Diflannodd y rhingyll i rywle ond, diolch i'r drefn, llwyddwyd i adfer y carcharor.

Erbyn hyn, golygai gorboblogaeth y carchardai fod tri charcharor yn gorfod rhannu un gell. Ac am yr unig dro yn ystod fy ngyrfa cefais achos o ddau garcharor yn ymosod yn rhywiol ar y trydydd. Roedd y dioddefwr wedi ei frawychu ac mewn cyflwr gwael. Cosbwyd y ddau ymosodwr o dan Reol 4, a olygai eu carcharu ar eu pennau eu hunain am weddill eu cyfnod yng Nghaerloyw. Roedd y dull hwn o gosbi yn un llym.

Câi'r rheiny a droseddai yn erbyn plant amser arbennig o galed. Cofiaf holi carcharor oedd wedi ymosod yn ffyrnig ar droseddwr o'r fath. Roedd pob carcharor, meddwn wrtho, wedi troseddu mewn rhyw ffordd neu'i gilydd. Beth oedd yn wahanol ynglŷn â hwn? Ei ateb oedd fod ganddo blant ei hun, heb neb ar y tu allan i'w hamddiffyn rhag pobl fel hwn. Beth fedrwn i ei ddweud?

Yn ystod y cyfnod hwn bu nifer o ymosodiadau ar y staff. Roeddem, wrth gwrs, ar drothwy'r 'oes oddefol' ac roedd cymdeithas wedi gollwng yr awenau o'i gafael. Ystyrid y gair 'disgyblaeth' fel rhywbeth dirmygus a theimlai athrawon, yn arbennig, y dylid dileu'r gair yn llwyr o'r geiriadur. Heddiw, dyma ni wedi colli pob rheolaeth ac yn gorfod medi'r corwynt.

Hwn fyddai byd newydd y seicolegydd a oedd wrthi'n chwilio am reswm dros bopeth ond heb fedru canfod yr ateb i unrhyw beth. Daeth seicoleg yn arf defnyddiol i'r graddedigion prifysgol i wneud iawn am eu diffyg profiad yn y byd go iawn. Caiff rhywun ei atgoffa o'r fenyw honno a aeth â'i mab bychan gyda hi i siopa yn un o archfarchnadoedd Abertawe. Wrth iddi siopa, gadawodd y plentyn ar geffyl pren i chwarae. Pan ddychwelodd, gwrthodai'r plentyn adael y ceffyl. Dyna lle'r oedd e yn gweiddi ac yn sgrechian. Ceisiodd rhai o'r cwsmeriaid helpu, ond yn ofer. Daeth y rheolwr draw, ond ni wrandawai'r crwt. Yna galwyd am seicolegydd y cwmni, a methu wnaeth hwnnw hefyd.

Ymhlith y dorf safai hen löwr oedd wedi gweithio dan ddaear ers yn llanc ifanc. Gofynnodd i'r rheolwr a gâi ef roi cynnig arni. Cytunodd y rheolwr, ac aeth y glöwr draw at y bachgen a sibrwd rhywbeth yn ei glust. Ar unwaith cododd y bachgen o gefn y ceffyl a rhuthro at ei fam.

Synnwyd y seicolegydd, a gofynnodd i'r glöwr beth roedd wedi'i sibrwd yng nghlust y crwt. 'Wel,' meddai'r hen ŵr, 'fe ddwedais i wrtho fe, "dere lawr o gefn y ceffyl 'na neu fe gei di uffern o gic yn dy din".' Ydi, mae synnwyr cyffredin yn curo seicoleg bob amser. Rwy'n adnabod seicolegwyr sy'n methu datrys eu problemau eu hunain.

Dyna i chi seico-analeiddio wedyn, rhywbeth sy'n cynnig cyfleoedd di-ben-draw i lurgunio a ffugio ffeithiau. Y prif fwriad yw ceisio treiddio i'r isymwybod er mwyn galluogi'r claf i gilio o'r byd go iawn a'i drwytho ei hun yn llwyr yn ei haenau mewnol goddrychol. Yna fe ddehonglir y 'ffeithiau' hyn mewn unrhyw fodd sy'n cyfateb i syniadau'r offeiriaid seicoleg a seico-seicoleg ein dydd fel petai'r cyfan yn ffrwyth oraclau'r cynfyd.

Bryd hyn y cychwynnodd problem cyffuriau godi'i phen ac fe gyd-ddigwyddodd â'r mewnlifiad croenddu i Gaerloyw. Yn hwyr un prynhawn, roedd swyddog o'r enw Jackson ar ddyletswydd pan oedd troseddwyr yn cael eu derbyn o'r llysoedd. Casbeth i ni fyddai derbyn troseddwyr yn uniongyrchol o swyddfa'r heddlu gan na chaent eu harchwilio'n ddigon trylwyr. Roedd Jackson wrthi'n archwilio carcharor croenddu pan dynnodd hwnnw, yn sydyn, lafn rasel o rywle a rhwygo dwy foch y swyddog. Roedd y carcharor o dan ddylanwad cyffuriau, arwydd sicr fod pethau'n newid.

Weithiau defnyddiem ddulliau digon cyfrwys i ymateb i sefyllfa. Cofiaf fod yn cynorthwyo i sensro llythyron. Roedd un carcharor yn disgwyl ymddangosiad llys, un a gâi ei gasáu gan bawb am y teimlai'n uwchraddol i bawb arall, er gwaetha'r ffaith ei fod yn droseddwr parhaus. Dyma ddarganfod ei fod, wrth ddanfon llythyron cariadus at ei wraig, hefyd yn danfon llythyron yr un mor gariadus at fenyw arall. Penderfynwyd rhoi stop ar ei garlamu drwy gyfnewid y llythyron!

Yn y barics gyferbyn â'r carchar roedd gan y Gloucester Hussars fand arian gwych, ond roedd angen ailbeintio'r drymiau. Roedd un o'r carcharorion yn artist da iawn, a llwyddais i'w berswadio i wneud y gwaith. Llwyddodd i'r fath raddau fel i wasanaeth gael ei drefnu yn yr eglwys i ddathlu'r digwyddiad. Gwahoddwyd Dug Beaufort, yr Arglwydd Faer a'r Prif Gwnstabl yno. Roedd y Caplan mor falch fel iddo wahodd Sallie a minnau yn ogystal. Ond gan yr oeddwn eisoes wedi trefnu i ymweld â'n teuluoedd yn ardal Castellnewydd ar y diwrnod hwnnw, fe wrthodais y gwahoddiad.

'Ond fe fydd pawb yno,' meddai'r Caplan.
'Pawb?' gofynnais.
'Pawb.'
'Ydi hynny'n golygu y bydd Duw yno?'

Edrychodd y Caplan yn hurt. Roedd angen dod ag e i lawr i'r ddaear weithiau. Roedd e'n dipyn o ffŵl. Ond roedd e, o leiaf, yn ffŵl dros Dduw.

Roedd caplaniaid yn rhan bwysig o fywyd carchar ond tueddent weithiau i golli gafael ar realaeth. Yn aml caent eu plagio gan garcharorion oedd wedi eu rhyddhau. Fe alwent yn y Ficerdy gyda phob math o straeon wrth fegera am arian. Eu cyflogwr heb eu talu; methu talu biliau, ond ddim am ddychwelyd i'w hen ffordd o fyw. Gwelai'r caplaniaid y rhain fel rhyw ddefaid colledig ac estynnent iddynt aml i gil-dwrn. Cyn pen dim fe groesai eu llwybrau eto wrth i'r drwgweithredwyr ddychwelyd i'r carchar. Roedd un gweinidog Wesleaidd wedi rhoi symiau sylweddol o arian i un cyn-garcharor. Dywedais wrtho na fedrwn ddeall sut y medrai dyn o'i brofiad a'i ddeallusrwydd ef gael ei dwyllo mor aml.

'Wyddoch chi, Mr Lewis,' meddai, 'fedra i ddim gwrthod unrhyw un sydd mewn angen.'

Un tro, daeth Adfentydd y Seithfed Dydd ataf a gofyn a gâi bregethu yn y prif gapel. Er mai dim ond dau aelod o'r enwad oedd yn y carchar, cytunodd Caplan Eglwys Loegr. Tra oedd yr Adfentydd wrthi'n cynnal ei wasanaeth cyntaf, ceisiodd un o'r glanhawyr fynd i mewn. Fe wnes ei atal a dweud, yn ysgafn, fod gan yr Adfentydd gwningen wen yn ei fag a'i fod e'n mynd i'w haberthu hi ar yr allor. Anghofiais bopeth am y digwyddiad nes i'r caplan ddod ataf yn ddiweddarach a dweud ei fod yn bwriadu gwahardd yr Adfentydd o hynny ymlaen.

'Pam?' gofynnais.

'Wel,' meddai'r Caplan, 'mae un o'r glanhawyr yn dweud fod y dyn yn aberthu cwningod gwyn yn y capel.'

Chwarddais a cheisiais esbonio. Ond ymlaen yr aeth y Caplan.

'Fe welodd y glanhawr yr holl beth yn digwydd.'

Penderfynais ddal fy nhafod. Oedd, roedd carchar yn lle rhyfedd.

Roedd ein hoffeiriad Catholig yn hoff iawn o'i ddiod ac yn yfed tua dwy botelaid o win cymun bob dydd. Gymaint oedd syched hwn fel i'r Uwch Offeiriad fy ngosod i yng ngofal y gwin cymun gan ei ddogni i'r Tad.

Roedd y Rheolwr hefyd yn hoff o win, a'i seler yn orlawn. Gofynnodd i mi unwaith fynd gydag ef i'r seler i roi prawf ar y gwahanol winoedd. Yn anffodus, fe aeth yr holl win yn drech na mi, er mawr fwynhad i'r Rheolwr.

Byddai ef a'i wraig, y ddau yn noethlymunwyr, yn aml yn torheulo'n noeth yn yr ardd. Pan fyddai angen i mi alw i'w weld yn ei gartref – digwyddiad digon rheolaidd – cawn weld y ddau yn ymladd am yr un tywel!

Roedd ein Rheolwr yn ddyn nobl iawn, yn gyn-swyddog yn y Llynges. Roedd hwn y math o ddyn y byddwn yn barod i'w ddilyn i unrhyw le. Mae e nawr yn byw yn Norwich a'r ddau ohonom yn dal yn ffrindiau mawr.

Dyma'r adeg pan roddid pwyslais mawr ar ddenu swyddogion carchar croenddu, a danfonwyd un i Gaerloyw. Mater cwbl wleidyddol oedd hwn er mwyn tawelu aelodau yn y Senedd pan ofynnai rhywun gwestiwn am y nifer o swyddogion croenddu a gafodd eu recriwtio. O Mauritius y daethai ein swyddog ni. Roedd wedi derbyn addysg dda ac yn gwbl gymwys ar gyfer y gwaith. Edrychai'n olygus a thrwsiadus ac roedd ganddo bersonoliaeth hyfryd. Ond er iddo gael ei dderbyn gan y staff, stori arall oedd hi o safbwynt y carcharorion. Iddynt hwy doedd e'n ddim byd ond 'diawl du', a gwrthodent ufuddhau i unrhyw un o'i orchmynion. Roedd hon yn sefyllfa drist. Bob tro y câi ddyletswydd i'w chyflawni, rhaid fyddai iddo gael escort. Oherwydd hynny, aeth yn faich. Mewn carchar does dim modd cario neb, a bu'n rhaid iddo adael.

Tua'r un adeg, daeth gorchymyn i ni godi gweithdy newydd ar yr hen safle gladdu, sef y fynwent lle cleddid llofruddion yn y dyddiau pan grogid troseddwyr yno. Golygai hyn godi pob un o'r cyrff a'u hailgladdu mewn man arall.

Wedi'r holl flynyddoedd, doedd neb yn credu y byddai llawer o weddillion ar ôl. Ond, er mawr syndod i bawb, roedd yr eirch mewn cyflwr da. Cyn cychwyn ar y gwaith daeth y Prif Beiriannydd ataf yn llawn gofid. Roedd y Rheolwr, mae'n debyg, wedi gofyn am un o'r penglogau er mwyn llunio lamp ar gyfer derbynfa ei gartref. Roedd hwn yn fater difrifol a allai droi'n sgandal. Ar ôl hir drafod penderfynwyd anwybyddu'r cais ac ailgladdu'r eirch mor gyflym â phosibl. Ni chlywais ragor am y mater.

Erbyn hyn roeddwn wedi gwasanaethu am saith mlynedd fel Uwch Swyddog pan ddaeth galwad i mi fynd am gyfweliad yn Llundain. Gwyddwn y byddai hwn yn gyfweliad pwysig. Gallai un gair allan o'i le newid fy mywyd yn llwyr. Wrth sgwrsio â'r tri swyddog ar y Bwrdd Cyf-weld, teimlwn nad oeddwn ar fy ngorau. Ond ymhen tair wythnos cefais wybod fod fy enw ar y rhestr ddyrchafu. Mater o amser oedd hi nawr cyn i mi gael fy symud. Ni fu raid i mi ddisgwyl yn hir.

Clywais yr awgrym cyntaf adeg ein cinio blynyddol yng nghwmni Dug Beaufort, a minnau'n gweithredu fel tost-feistr. Dywedwyd wrthyf fod cynlluniau ar y gweill i agor Canolfan Gadw yng Ngwent ac y cawn gynnig y swydd o Ddirprwy Warden yno. Roedd hyn yn newyddion gwych. Ym Mrynbuga y byddai'r Ganolfan, lle'r oeddwn eisoes wedi treulio tair blynedd fel swyddog Addysg Gorfforol.

Hon fyddai'r Ganolfan Gadw gyntaf yng Nghymru ar gyfer dal llanciau anystywallt. Byddai'r gwaith yn her ac yn symudiad a fyddai wrth fodd y teulu. Ond yn gyntaf rhaid fyddai addasu'r lle i fod yn ganolfan fodern. Roedd y Prif Swyddog yng Nghaerloyw yn dal i ffwrdd yn sâl a'r Rheolwr ar fin mynd ar wyliau. Gofynnodd am ganiatâd, felly, i mi lenwi ei le. Byddai hyn yn ddigwyddiad unigryw. Ond cytunodd y Brif Swyddfa ar yr amod y byddai rhywun o reng Rheolwr yn ymweld â'r carchar am hanner awr bob dydd.

Fi, felly, am y tro oedd yng ngofal carchar Caerloyw.

UNWAITH ETO 'NGHYMRU ANNWYL

Cychwynnais ym Mrynbuga yn nyddiau cynnar yr 'oes oddefol', pan oedd disgyblaeth yn rhywbeth esgymun a chyffuriau o bob math ar gael. Ystyrid y rhai a geisiai gynnal unrhyw fath o drefn fel pobl henffasiwn, pobl ddoe.

Athrawon oedd y rhai cyntaf i neidio ar wagen goddefgarwch. Roedd bywyd yn ymddangos yn syml a hawdd, ond buan y sylweddolodd lladmeryddion y drefn newydd iddynt wneud camgymeriad anferth. Erbyn hynny, roedd hi'n rhy hwyr i gywiro'r sefyllfa.

Roedd pobl ifanc yn anystywallt, yn dreisgar ac yn ymosodol a sylweddolwyd fod angen gweithredu ar fyrder. O ganlyniad sefydlwyd Canolfannau Cadw yma ac acw i ddal pobl ifanc oedd yn gyfrifol am gyflawni gwahanol droseddau. Cyflwynwyd y syniad o 'short, sharp shock'.

Cymerodd gryn amser i sefydlu'r fath ganolfan yng Nghymru. Ond, o'r diwedd, ac ar ôl cryn stŵr, fe'i sefydlwyd ym Mrynbuga. Bu'r safle unwaith yn garchar sirol ac yna yn Borstal. Nawr, fel Canolfan Gadw, gwasanaethai ardal eang.

Roedd angen gwneud cryn waith ar y lle, ac angen ailhyfforddi'r staff. Bwriad y Ganolfan oedd gwneud iawn yn wyneb methiant y cartref, yr ysgol, a'r capel neu'r eglwys. Gorchwyl amhosibl, bron, ond un a oedd yn werth rhoi cynnig arno.

Roedd y sefyllfa yn un ryfedd, gan i Reolwr gael ei benodi i fod yn gyfrifol am Borstal Pencoed a Chanolfan Gadw Brynbuga, y ddau sefydliad dair milltir ar wahân. Fel arfer, gwisgai staff y Ganolfan Gadw lifrai. Ond gan y byddai staff y Borstal yn gwisgo dillad cyffredin, penderfynwyd mai dyna fyddai'r drefn yn y Ganolfan hefyd.

Roedd y Rheolwr, Bill Taylor, yn ddyn hyfryd. Roedd e'n gyn-aelod o'r Llynges Frenhinol, a'i frawd, Bob, oedd Rheolwr y Gwasanaeth Carchardai. Oherwydd ei gysylltiadau da, câi unrhyw beth a fynnai. Hoffai ddiferyn bach, a hynny'n aml. Casâi waith papur a siaradai heb flewyn ar ei dafod. Roedd y Warden hefyd yn gyn-aelod o'r Llynges Frenhinol ac yn gyn-Gapten, ond doedd gan y naill na'r llall ddim syniad am garchar nac am y gyfundrefn garchar. Penodwyd fi yn Ddirprwy Warden a buan y sylweddolais gymaint oedd yr her a'n hwynebai. Ond roedd y dewis wedi'i wneud a dyma gychwyn ar yr hyfforddiant.

Yn 1964 roedd drwgweithredwyr ifanc yn cyflawni pob math o fân droseddau, megis malu blychau teleffon, dwyn ceir, smygu cannabis ac ymosod. Gwisgent jîns wedi'u tynnu atynt drwy eu gwisgo yn y bàth. Wedi cyrraedd y Ganolfan, byddai'n rhaid iddynt ddiosg y jîns, ac wrth wneud hynny fe atgoffid rhywun o rwygo calico oddi ar wal wedi'i phlastro! Dynodai tatŵs ar eu clustiau eu haelodaeth o wahanol gangiau. Ceid llythrennau wedi'u tatŵio hefyd ar eu bysedd, llythrennau na wnaent unrhyw synnwyr nes iddynt blethu bysedd eu dwy law.

Roedd gennym Swyddog Derbyn gwych a oedd yn abl ac yn barod i ymateb i'r holl newidiadau. Deuai'r llanciau rhwng dwy ar bymtheg ac un ar hugain oed i mewn yn hirwallt. Torrid eu gwallt, a chaent eu trin o dan oruchwyliaeth a disgyblaeth filwrol. Byddai ymarfer corfforol parhaus yn yr awyr agored neu yn y gampfa. Roedd y bwyd o safon uchel, a digon ohono. Yn fuan ar ôl eu hwythnos gyntaf, tueddai rhai i ddioddef o'r 'pendics. Yn ôl yr arbenigwyr, roedd hyn o ganlyniad i fwyta prydau twym yn rheolaidd. Doedd llawer o'r llanciau erioed wedi bwyta pryd twym i ginio o'r blaen. Câi'r dioddefwyr eu symud i ysbyty yng Nghasnewydd.

Gwelwn newid mawr yn natblygiad cymeriadau'r llanciau. Erbyn amser eu rhyddhau byddent yn fechgyn trwsiadus a dymunol. Y broblem oedd y byddent yn dychwelyd i'w hen gynefinoedd a'u hen ffordd o fyw. Ond cawsom nifer o lwyddiannau nodedig.

Cyn hir, derbyniodd y Brif Swyddfa, a oedd byth a hefyd o dan bwysau gwleidyddol, orchymyn i fabwysiadu dulliau meddalach. Ond er gwaethaf hyn, gwnaethom bob ymdrech i barhau â'n cyfundrefn effeithiol yn ystod y tair blynedd y bûm i yno. Wedi i mi ymadael, deallaf i newidiadau sylweddol ddigwydd gan greu anniddigrwydd ymhlith y staff.

Mae Brynbuga erbyn hyn yn garchar unwaith eto ar gyfer carcharorion Rheol 43, carcharorion rhyw a fyddai mewn perygl mewn carchardai eraill. Ond mae'r rhod yn troi. Unwaith eto clywir galwadau am unedau caeedig ar gyfer troseddwyr ifanc yng Nghymru. Pryd y gwnân nhw byth ddysgu? Mae drws y stabl wedi'i gau a'r ceffyl wedi hen ddianc. Does dim Canolfan Gadw yng Nghymru bellach.

Fe wnes i fwynhau fy nghyfnod ym Mrynbuga yn fawr iawn. Cefais gydweithrediad y Rheolwr o'r cychwyn cyntaf. Pan glywodd, er enghraifft, fod Yvonne yn gorfod rhoi ei gwaith yng Nghaerloyw i fyny fe drefnodd ar unwaith iddi gael swydd yn y Gwasanaeth Sifil yn y Ganolfan. Teimlwn yn ddiolchgar iawn iddo, gan fod swyddi o'r fath yn brin yn yr ardal.

Digwyddodd rhywbeth diddorol iawn i mi, ychydig wedi i mi symud yno. Gofynnodd Bill Taylor i mi a awn i gydag ef un noson i wersyll ar gyfer llanciau Borstal ger Trefynwy. Teimlai'n anfodlon ynghylch y Dirprwy Reolwr oedd yno, gŵr o deulu dylanwadol ac o gefndir ysgol fonedd. Yn ddiweddarach fe'i diswyddwyd wedi iddo gael ei ddal mewn tŷ amheus yn Llundain.

Cytunais i fynd gydag ef, a gwnaethom drefniadau i gyfarfod y tu allan i'r Ganolfan. Yno yn disgwyl amdanaf ac yn gyrru cerbyd y Borstal roedd hen gyfaill i mi, Tom Davies o Rydaman. Eisteddodd y Rheolwr y tu blaen gyda Tom tra bu'n rhaid i mi wthio i mewn i'r sedd ôl gyda Marjorie, gwraig y Rheolwr, a'r ast Sealyham flin. Roedd Marjorie yn fenyw fawr yn gorfforol. Roedd hi'n hanu o Amwythig, gyda chefndir addysgol o'r radd flaenaf, ac yn ferch i berchennog bragdy mawr. Yr oedd hi, mae'n debyg, yn un dda am bwyso a mesur cymeriad rhywun, a byddai ei gŵr yn dibynnu'n aml ar ei barn hi pan fyddai am farnu sut un oedd aelod o'r staff.

Ar y ffordd yn ôl cawsom sgwrs hir, ac ar ôl wyth mlynedd ar hugain o wasanaeth, teimlwn yn ddigon hyderus wrth siarad â hi. Wrth i ni ddychwelyd ar hyd ffyrdd cul, coediog Gwent roedd hi'n noson braf o wanwyn a'r cloddiau uchel yn drwch o flodau gwylltion. Yn sydyn, galwodd Marjorie ar i Tom stopio er mwyn iddi fedru casglu blodau. Gan fod mwy o flodau ar fy ochr i o'r ffordd, fe euthum allan i gasglu ar ei rhan. O ben y clawdd, clywais y Rheolwr yn gofyn cwestiwn i'w wraig:

'Marjorie, beth wyt ti'n ei feddwl . . . ?'

Ei hateb hi oedd, 'Ychydig yn eger, ond yn y ffordd orau bosib.'

Roedd ef braidd yn drwm ei glyw, a hi, felly, yn gorfod ateb yn uchel. Deallais mai fi oedd pwnc y sgwrs. Doeddwn i ddim yn hapus â'r sefyllfa, ond rhaid oedd ei derbyn. Dyna lle'r oeddwn i, gyda blynyddoedd o brofiad ar bob lefel, yn cael fy marnu gan rywun heb unrhyw gysylltiad â'r gwasanaeth. Ond cnoais fy nhafod a gadael i bethau fod. Petai hi wedi dweud nad oeddwn i'n addas, mae'n siŵr na fyddwn wedi cael fy nerbyn. Rhaid oedd cofio fod gan y ddau ddull uniongyrchol o gael gwared ar rywun na hoffent. Ar ben draw'r llinell deleffon roedd brawd y Rheolwr, y Prif Gyfarwyddwr ei hun. Yn rhyfedd iawn, fe ddaeth Sallie a minnau'n ffrindiau mawr â Marjorie.

Ar ôl tair blynedd hapus ym Mrynbuga, gwahoddwyd fi i'r Brif Swyddfa am gyfweliad unwaith eto. Ar y panel cyf-weld roedd Robert Taylor, y Prif Gyfarwyddwr a brawd, felly, i Bill Taylor, Rheolwr Canolfan Gadw Brynbuga. Cefais ymateb da, a chafodd fy enw ei osod ar y rhestr ddyrchafu.

Gwyddwn y byddai angen Prif Swyddog Dosbarth 1 yn fuan yng Nghaerloyw ac yn Abertawe. Yn wir, derbyniais wahoddiad o Gaerloyw i wneud cais am y swydd. Teimlwn y byddai Abertawe yn fwy addas. Fe fyddai'n haws symud oddi yno yn ôl i'r hen ardal ar ôl ymddeol. Ond aeth y swydd i Brif Swyddog Uwch a oedd yn fodlon talu ei dreuliau ei hun. Medrwn innau fod wedi cynnig gwneud yr un peth, ond roedd y swyddog arall newydd golli ei wraig a theimlwn fod ei angen ef yn fwy.

Tra oeddwn yn disgwyl symud, daliais ar y cyfle i bysgota ar afon Wysg, ond doedd hon ddim mor doreithiog o bysgod â nentydd Dartmoor. Roedd Brynbuga yn dref fach ddiddorol a fuasai gynt yn ganolfan i'r Lleng Rufeinig yng Nghaerllion ar Wysg. O bryd i'w gilydd, pan fyddai achos i gloddio o gwmpas y Ganolfan, deuai ambell ddarn o hen grochenwaith i'r wyneb. Mae'r enw Saesneg ar y lle, Usk, yn llygriad o'r gair Wysg.

Ym Mrynbuga roedd yr awyrgylch yn ddigon ysgafn, y bobl yn gyfeillgar a'r staff yn barod i dderbyn y newidiadau rheolaidd a orfodid arnynt. Doedd ein cartref ddim yn bell o'r Ganolfan. Medrwn gerdded i'r gwaith, a hynny drwy dir yr eglwys ar lan yr afon. Safai hen gastell yn y canol, a'm hatgoffai yn fawr o Gastellnewydd Emlyn.

Deiliaid y castell oedd rhyw Major Humphries a'i wraig. Bob bore fe farchogai hi heibio i'r ganolfan ar geffyl hela mawr. Ar y ffordd allan, câi gryn drafferth i'w reoli. Ond yn rhyfedd iawn, ar y ffordd adre, byddai'r ceffyl yn gwbl ddof. Un bore, ar ei ffordd heibio, roedd y ceffyl yn dawel a theimlai hi iddi lwyddo i'w reoli. Ond y tro hwn gwylltiodd ar ei ffordd adre, ac aeth allan o reolaeth yn llwyr gan fynd ar draws lorri ar y sgwâr. Anafwyd Mrs Humphreys yn ddrwg a bu'n rhaid gwaredu'r ceffyl, druan. Roedd y Major yn poeni mwy am y ceffyl nag am ei wraig. Yn ddiweddarach, wrth i fet archwilio'r ceffyl, darganfu dyfiant ar yr ymennydd. A chofiais am y swyddog hwnnw yn Dartmoor a oedd wedi peryglu fy mywyd drwy smyglo gwn ar y trên. Er i mi ddod yn fwy goddefgar, fedrwn i ddim anghofio'r digwyddiad hwnnw.

Ond doedd gen i ddim llawer o amser i fyfyrio. Yn fuan wedyn, dyma alwad i mi fel Prif Swyddog Dosbarth 1 i symud i garchar newydd Albany ar Ynys Wyth. Byddwn yn gadael Cymru unwaith eto.

YNYS Y CARCHARORION

Daeth y newydd am Garchar Albany mor annisgwyl fel i mi fod yn ansicr a ddylwn fod yn ddiolchgar ai peidio. Golygai newid mawr. Golygai hefyd y byddai Yvonne yn colli ei swydd unwaith eto, ond cytunwyd y câi hithau swydd yno.

Y cyfan a wyddwn am Albany oedd iddo fod unwaith yn farics milwrol a'i fod yn sefyll gerllaw carchar enwog Parkhurst, lle bu gan y Frenhines Fictoria fwthyn ar gyfer hela. Yno hefyd y di-urddwyd y Royal Ulster Rifles wedi iddynt redeg yn wyllt drwy dref gyfagos Newport. Claddwyd eu harfbeisiau y tu mewn i'r barics ond, er gwaethaf llawer o waith cloddio yno, ni ddaeth y bathodynnau hynny i'r fei.

Enw'r Rhufeiniaid ar Ynys Wyth oedd Vectis. Mae'r tir yno'n galchog iawn gyda darnau o'r ynys yn cael eu golchi i'r môr yn rheolaidd. Y llysenw ar y trigolion yw Cork Heads gan eu bod, yn ôl un hen stori, yn credu y bydd yr ynys gyfan yn diflannu i'r môr. Eu hateb oedd gwisgo cyrc ar eu pennau, rhag ofn.

Deallais mai rheolwr Albany fyddai David Gould, cyn-Reolwr Borstal Dover, gŵr tal, egnïol na allai ond y mwyaf ffit ddygymod ag ef. Roedd e'n arweinydd effeithiol, ac yn mynnu'r gorau gan bawb. Fe'i dewiswyd yn bwrpasol ar gyfer y carchar a ddisgrifid fel Chwyldro'r Chwyldroadol. Roedd ei brofiad wedi ei gyfyngu i Borstal. Ofnwn, felly, y byddai ei bwyslais yn wahanol i rywun â phrofiad o waith carchar. Ond, yn ffodus, roedd e'n ddyn oedd bob amser yn barod i wrando.

Cafodd Gould rwydd hynt i ddewis ei dîm ei hun. Cofiwn i mi, adeg trychineb Aberfan, gael fy ngalw i Dover ar gyfer recriwtio gweithwyr cymdeithasol oedd yn awyddus i ymuno â'r Gwasanaeth Carchardai. Ar y pryd, ni fedrwn feddwl pam y dewiswyd fi. Nawr daeth yr ateb yn glir. Unig bwrpas y gwahoddiad oedd fy marnu ar gyfer Albany yn nes ymlaen. Ac ar ôl sgwrs hir, penderfynodd David Gould y byddai gen i ran i'w chwarae yn ei dîm. Cefais orchymyn i gychwyn yn Albany ar 17 Ionawr, 1967, ond cefais gyfle i fynd yno rhag blaen, er mwyn i Sallie a minnau gael golwg ar ein cartref newydd.

Ar ddiwrnod diflas, ynghanol glaw trwm, dyma gyrraedd carchar newydd Albany. Roedd wedi ei adeiladu i ddal bron i chwe chant o garcharorion. Roedd yr adnoddau yno yn wych a chawsom gartref mewn cilgant ochr yn ochr â'r Rheolwr, y Dirprwy Reolwr, y Swyddog Meddygol, y Caplan a rhai o'r prif swyddogion eraill. Safai'r tai ger Newport a heb fod yn bell o Cowes. Gyferbyn safai ysbyty modern lle neilltuwyd nifer o welyau ar gyfer carcharorion a allai gael eu clwyfo petai terfysg yn digwydd yng ngharchardai'r ynys. Roedd yna ddau garchar arall yn ogystal ag Albany, sef Parkhurst a Camp Hill.

Safai Albany ar hen safle'r barics, yn un o garchardai mwyaf modern Ewrop. Roedd y prif adeilad yn gwbl newydd, ond cadwyd rhai o'r hen adeiladau y tu allan i'r brif fynedfa a'u troi yn weithdai, lle bwyta a chlwb.

Pan gyrhaeddais, roedd yr holl le yn anhrefn llwyr a'r glaw trwm, oherwydd natur gleiog y tir, wedi troi'r safle yn llaid. Y rhai cyntaf i symud i mewn yn swyddogol oedd y Rheolwr, y Swyddog Clerigol a ddaeth o Parkhurst, a minnau a'r teulu. Bwriadwyd Albany ar gyfer carcharorion tymor-hir o Dartmoor a Parkhurst a oedd yn nesáu at ddiwedd eu tymor. Pan gyrhaeddais i, roedd y lle yn llawn o gontractwyr ac roedd bywyd yn felys, heb garcharorion yn agos i'r lle. Ond roedd digon o waith paratoi i'w wneud ar gyfer dyfodiad y gweddill o'r staff.

Mae agor unrhyw sefydliad newydd yn dasg anodd. Mater cymharol hawdd oedd ymuno â staff carchar drwy ddyrchafiad neu drosglwyddiad, gan y byddai'r system yn bodoli eisoes. Hon, felly, yn dilyn canolfan Brynbuga, fyddai fy ail her fawr o ddechrau mewn canolfan newydd.

Cyn yr agoriad, estynnwyd gwahoddiad agored i staff pob carchar arall i ddod i Albany, ac erbyn iddo agor derbyniwyd nifer fawr o geisiadau. Ond yn aml iawn o dan y fath sefyllfa, anodd oedd denu'r swyddogion gorau. Gwelai rhai y lle fel 'man gwyn man draw'. Câi'r swyddogion gorau eu cadw am nad oedd y Rheolwr neu'r Prif Swyddog yn y carchardai eraill am eu colli. Felly rhaid oedd adeiladu tîm o blith swyddogion a oedd yno am resymau hunanol. Nid pawb, wrth gwrs, ond yn sicr y mwyafrif.

Un o'r rhai a symudodd yno oedd aelod o'r tîm ym Mrynbuga, mab i gyn-orsaf feistr Caerfyrddin a'i wraig o Gastellnewydd. Cyn mynd i'r Gwasanaeth Carchardai, buasai'n rheolwr ar y gwaith nwy yn Nhrefynwy a gwnaeth gyfraniad mawr yn Albany pan sefydlwyd adran electroneg yno.

Symudodd y staff i mewn ac yna cyrhaeddodd y carcharorion. Rhaid oedd gweithredu cyfundrefn ddwy-shifft er mwyn sicrhau na fyddai'r peiriannau a'r offer costus yn segur. Roedd yno ddau weithdy saer yn dal bron i gant o garcharorion, a gweithdy i gynhyrchu dillad o bob math, rhai ohonynt ar gyfer Marks and Spencers. Roedd rhai o'r seiri yn gynnyrch Borstal a'r ysgolion gwarchod, felly hefyd y peirianwyr.

Tra byddai hanner y carcharorion wrth eu gwaith, byddai'r lleill naill ai'n cymryd rhan mewn chwaraeon neu'n dilyn dosbarthiadau. Yn wir, aeth rhai ymlaen i fod yn raddedigion. Yn anffodus, ni fyddai hyn yn eu gwneud yn well dinasyddion ond yn hytrach yn glyfrach troseddwyr. Erbyn iddynt gyrraedd Albany roedd tor-cyfraith yn ffordd o fyw iddynt. Rhaid fyddai derbyn hyn ac anghofio'r syniad y caent eu diwygio. Eu hathroniaeth hwy oedd mai dim ond ffyliaid fyddai'n troedio'r llwybr cul.

Albany oedd yr unig garchar ym Mhrydain a allai hawlio dau Brif Swyddog Dosbarth 2 ac un Prif Swyddog Dosbarth 1, sef fy safle i. Gan ein bod ni'n fenter newydd, byddem yn destun astudiaeth gan eraill, a gwelodd y Brif Swyddfa yn dda i ehangu'r arbrawf.

Tyfodd nifer y staff, yn raddau sylfaenol, graddau uwch, Prif Swyddog, Swyddog Addysg ac athrawon, a threfnwyd cyfundrefn gyfnewid athrawon gyda Phrifysgol Southampton. Roedd yno gaplaniaid ar gyfer pob enwad, pob un â'i addoldy.

Roedd yr ysbyty yn un modern gyda staff profiadol, hyfforddedig wrth law bob amser. Byddai angen pob math ar feddygaeth, a gwahanol gyffuriau hefyd, er mwyn tawelu tymer ambell un. Roedd y Swyddog Addysg Gorfforol a'n holl swyddogion carchar yn gweithio'n galed, ac o ganlyniad daeth y carcharorion yn fwy ffit ac yn haws eu trin.

Ond, fel popeth mewn bywyd, doedd y dyddiau da ddim i bara am byth. Roedd tor-cyfraith ar gynnydd gyda mwy o drais a mwy o droseddau yn erbyn plant. Yn wir, câi plant eu llofruddio er mwyn hwyl.

Roedd y sefyllfa'n newid mor gyflym fel y sylweddolwyd fod angen carchar mwy diogel. Ond fe gymerai amser i adeiladu carchar newydd, ac roedd Dartmoor a Parkhurst yn orlawn. Hyd yn oed petai yna le ynddynt, ni chaent eu hystyried yn ddigon diogel i wynebu'r sefyllfa a fodolai. Rhaid oedd categoreiddio carcharorion o dan grwpiau 'A', 'B' ac 'C'. Yn grŵp 'A' roedd carcharorion treisgar a pheryglus, ynghyd â threiswyr a rhai oedd mewn perygl o geisio dianc. Câi carcharorion llai peryglus eu gosod yn y ddau grŵp arall. Daeth Albany o dan chwyddwydr y Brif Swyddfa, a gwyddem ein bod i gael ein newid yn garchar Categori 'A' Diogelwch Uchaf. Daeth hyn fel newydd drwg, gan y byddai'n rhaid i ni newid yn llwyr.

Yn y cyfamser, roedd y criw cyntaf o garcharorion wedi cyrraedd o Parkhurst. Ymddangosent fel petaent yn gwerthfawrogi'r safle modern, ynghyd â'r drefn resymol a fodolai yno. Ond buan y cafwyd trafferth. Roeddwn i wedi dewis swyddog o Gaerdydd a oedd wedi'i drosglwyddo atom fel Swyddog Derbyn. Roedd hwn yn swyddog effeithiol, ond braidd yn llym ei ddisgyblaeth, heb lawer o ddiddordeb yn y carcharorion. Wrth dderbyn carcharorion newydd, byddai gofyn iddynt arwyddo'r Llyfr Eiddo oedd yn rhestru eu holl feddiannau. Aeth popeth yn ei flaen yn ddidrafferth nes i garcharor o'r enw John Yogi arwyddo'i enw fel Yogi Bear. Bu hyn yn ormod i'r swyddog, ac fe gollodd ei ben yn lân.

Er mai carcharorion oeddynt, doedd y rhain ddim yn gyfarwydd â'r fath driniaeth. Mynnodd y dynion fy mod yn rhoi gwrandawiad iddynt, a chytunais. Roedden nhw am fynd 'nôl i Parkhurst. Ond ar ôl tawelu'r sefyllfa, fe'u perswadiais y dylent anghofio'r digwyddiad. Roedd y rhain wedi treulio blynyddoedd dan glo ac ofnent gael eu trin yn rhy filitaraidd. Mae llawer o wahaniaeth rhwng swyddog sydd wedi gwasanaethu mewn carchar i rai a gafwyd yn euog a rhai sydd heb wneud hynny.

Ond does dim diwedd ar gymhlethdod pobl. Ychydig yn ddiweddarach, daeth y swyddog hwn ataf a gofyn am adael awr yn gynnar. Gofynnais iddo am reswm. Roedd e'n anfoddog i ateb, ond o'r diwedd cytunodd. Y rheswm oedd iddo ganfod nythaid o ysgyfarnogod amddifad wedi i'w mam gael ei tharo gan gar a'i lladd. Fe'u mabwysiadodd, a'i reswm dros adael yn gynnar oedd am ei fod eisiau croesi i Portsmouth i brynu defnyddiau ar gyfer eu bwydo. Roedd hwn yn fodlon rhoi o'i amser a'i arian i achub bywydau tair ysgyfarnog fach. Doedd ganddo fawr o amser i droseddwyr, ond byddai'n barod i roi ei oll dros greaduriaid.

Yn raddol, llanwyd y carchar â phob math o garcharorion. Synnent at y gwelyau Dunlopillo a'r celloedd lliwgar a'r ystafelloedd bwyta eang. Roedd swyddfa'r Prif Swyddog yn weddol agos i'm swyddfa i, a deuai draw yn aml i drafod y problemau mawr a'n hwynebai wrth i ni droi i fod yn Garchar Categori 'A' gyda'i solenoid electronig, system datgloi nosol a phob math o ddyfeisiadau eraill.

Yn ystod y flwyddyn gyntaf fe ddaethom wyneb yn wyneb â phob math o broblemau. Ond, fel tîm da, llwyddasom i oresgyn pob anhawster. Fe briododd Yvonne â swyddog carchar, ac yn ystod y blynyddoedd i ddod daeth Sallie a minnau'n dad-cu a mam-gu i ddwy ferch fach, dwy o'r 'Pennau Corc'.

Ar ddechrau'r ail flwyddyn, fe gawsom orchymyn i baratoi ar gyfer carcharorion Categori 'A'. Golygai hyn fwy o gontractwyr a mwy o anhrefn. Roeddem i gael ffensys allanol anferth gyda gofod eang rhyngddynt. Byddai yno gŵn Alsatian a'r dynion a'u trafodai. Roeddem hefyd i gael system ddatgloi otomatig gyda stafell reoli a fyddai'n gwbl annibynnol i'r prif garchar. Câi camerâu a system uwch-oleuo eu sefydlu, a byddai mwy o staff a mwy o hyfforddiant. Roedd hyn yn ein gofidio'n fawr, ond mater gwleidyddol oedd e a doedd dim troi'n ôl.

Eto i gyd, fe wynebwyd y newidiadau hyn, er i rai ohonom ni, y swyddogion mwyaf profiadol, sylweddoli na fyddai adeilad modern o'r fath yn addas ar gyfer menter fel hon. Credai'r Brif Swyddfa, fodd bynnag, y byddai'n un o wyrthiau'r oes.

Doedd y penseiri a gynlluniodd y carchar yn amlwg yn gwybod dim am garcharau a charcharorion. Eu prif nod oedd cefnu ar yr hen draddodiad. Roedd yr hen gynllun olwyn cert yn berffaith ar gyfer rheolaeth ganolog, ond byddai'r system blociau yn siŵr o greu problemau gan mai mater hawdd i'r carcharorion, petai terfysg yn digwydd, fyddai creu rhwystr ar y grisiau. Doedd dim barrau dur wedi'u gosod rhwng y cyrsiau brics yn y muriau. Byddai cwmni arlwyo bwyd masnachol yn sicr o greu problemau. Ac yn yr Uned Gwahaniad, lle cedwid carcharorion ar wahân, doedd ond un haen o frics yn gwahanu'r celloedd. Doedd gennym fawr iawn o amser i gyflawni'r newidiadau ond ymlaen yr aeth y gwaith, gan obeithio'r gorau.

Ar y pryd roedd Parkhurst yn lle anniddig iawn, a'r sefyllfa'n bygwth ffrwydro. Penodwyd hen gyfaill i mi o ddyddiau Dartmoor yn Brif Swyddog Gradd 1 yno ac fe gydweithiodd y ddau ohonom yn glòs am rai blynyddoedd. Albanwr o'r Ucheldir oedd ef, ond deuai ei wraig o Aberaeron.

Yn dilyn gosod y system newydd o oleuadau pwerus, a drodd nos yn ddydd fel y medrech ddarllen llyfr yn eich gardd gefn, dechreuodd pethau rhyfedd ddigwydd. Tyfai rhosynnau i uchder annaturiol. Canai adar duon drwy'r nos. Credwn ar y dechrau fod eosiaid wedi cyrraedd yr ynys. Doedd dim cysgodion yn Albany yn y cyfnod hwnnw.

Yn araf, roedd holl arferion y carchar yn newid. Gynt, roedd yr awyrgylch yn un digon gwâr. Nawr roedd hi'n sefyllfa 'ni a nhw'. Roedd y rhain yn garcharorion oedd yn gwir haeddu bod dan glo. Roedd mwy a mwy yn cyrraedd, yn eu plith rhai o'r bobl fwyaf peryglus ym Mhrydain.

Nid yw gwleidyddiaeth a synnwyr cyffredin yn mynd law yn llaw bob amser. Doedden ni ddim yn barod amdanynt, ond dod wnaethon nhw, serch hynny. Roedd y sefyllfa cynddrwg fel i drefniadau brys gael eu cyhoeddi. Yn wyneb ymgais i ffoi o garchardai'r ynys, byddai carfan arbennig yn cael ei hedfan o'r tir mawr ac yn cyrraedd o fewn ugain munud i ymateb i'r broblem. Gosodwyd gwydr atal-bwledi yn y mannau pwysig, a threfnwyd cysylltiad parhaol â Scotland Yard a'r heddlu lleol. Câi ymwelwyr â'r carcharorion eu harchwilio'n fanwl, ac roedd diogelwch o'r radd uchaf yno.

Yna, cyrhaeddodd y Dynion Mawr, sef y rhai oedd wedi creu Newyddion Mawr. Yn eu plith roedd y llofruddion Ian Brady a Raymond Morris, y ddau wedi llofruddio plant er mwyn y wefr o wneud hynny. Yno hefyd roedd Charlie, yr hynaf o'r Brodyr Kray, ond doedd ef ddim yn broblem.

Cyn gynted ag y cyrhaeddodd, fe aeth Ian Brady ar streic newyn a rhaid fyddai i mi ymweld ag ef yn ddyddiol. Roedd yn ddyn atgas, ffiaidd, ond nid ef oedd yr unig un felly yn Albany. Ein tasg fwyaf oedd ei gadw ar wahân i garcharorion eraill a fyddai wedi ei ladd. Roedd Brady a Morris yn elynion pennaf, ond ni wnes i erioed ddod i wybod pam.

Tra oedd ar streic newyn, câi Brady, fel unrhyw un arall ar streic newyn, ddŵr i'w yfed. Un diwrnod, penderfynwyd ei amddifadu o bob diferyn o ddŵr. O fewn pedair awr ar hugain roedd e'n bwyta'n normal unwaith eto. Yr hen ffyrdd yn aml yw'r mwyaf effeithiol.

Aeth amser yn ei flaen, ac er gwaethaf problemau dyddiol, llwyddasom i gadw'r drwgweithredwyr dan glo. Roedd gen i ddau Brif Swyddog Dosbarth 2 a deuthum i ac un ohonynt, a oedd wedi dod o Garchar Durham, yn ffrindiau mawr. Roedd wedi bod yn garcharor rhyfel am bum mlynedd; meddai ar hiwmor arbennig a byddai bob amser yn ffyddlon i mi. Deuai'r llall o Goleg Hyfforddi, lle bu'n hyfforddwr. Yn anffodus, bu farw'n fuan ar ôl cyrraedd o gancr ar y chwarennau lymphatig. Bûm yn meddwl llawer a oedd y pwysau a ddeuai o symud o'r naill le i'r llall yn barhaus wedi cyfrannu at y salwch. Credaf fod pob anhawster meddyliol yn medru troi'n broblem gorfforol. Bu ei farw ef yn golled fawr i ni gan ei fod wedi bod yn swyddog yn Camp Hill ac yn deall y sefyllfa. Llanwyd ei le gan Brif Swyddog Uwch o Chelmsford, a gofiwn o ddyddiau Abertawe.

Cefais y fraint o ddewis fy Uwch Swyddog fy hun. Roedd L. C. Davies yn gefn mawr i mi fel nifer o'r lleill – Tom Hancill o Durham yn eu plith. Dyrchafwyd ein Rheolwr, David Gould, i fod yn Gyfarwyddwr Rhanbarth, ac fe'i holynwyd gan y Capten Howden, cyn-filwr a gollodd un goes yn Burma. Roedd y ddau yn gwbl wahanol, ond profiad da oedd cael gweithio gyda'r naill a'r llall.

Deuai'r Caplan Cynorthwyol o Landeilo a daethom yn ffrindiau mawr. Roedd y Caplan, fel y Rheolwr, wedi colli un o'i goesau. Roedd stori amdano yn cael ei dderbyn fel dyn abl. Tra oedd yn cael ei archwilio'n feddygol, sylwodd y Swyddog Meddygol ei fod e'n gloff. Gofynnodd beth oedd y rheswm. Ei ateb oedd: 'Rhaid i mi roi'r gorau i chwarae rygbi'. Cymerodd y Swyddog Meddygol ef ar ei air, ei fod yn chwaraewr rygbi, a'i nodi fel dyn ffit. Yn wir, bu ar un adeg yn chwaraewr rygbi da pan oedd yn filwr gyda chatrawd y Yorkshire and Lancashire, a bu hefyd yn rasio motor-beics ar Draeth Pentwyn. Ef wnaeth weinyddu priodas fy merch yn Eglwys Llandyfrïog a bedyddio fy nwy wyres yn Eglwys Sant Ioan ar Ynys Wyth. Wedi iddo farw, teimlwn yn falch o gael bod yn un o gludwyr ei arch yn Amlosgfa Treforys. Gyda llaw, priododd ei unig ferch â Dr Patel, meddyg yn Adpar, Castellnewydd Emlyn.

Yn rhyfedd iawn, rhwng y Rheolwr a'r Caplan, oedd wedi colli coes yr un, a'r Cyfarwyddwr Ardal ar y pryd, Major

Fowler, yntau wedi colli coes a braich mewn brwydr danciau yng Ngogledd Affrica, fi oedd yr unig un o'r pedwar ohonom i fod â'i gorff yn gyfan! Eto i gyd, ni chefais erioed gwmni mor siriol.

Erbyn hyn, yn ogystal â bod yn Garchar Diogelwch Uchel, roeddem hefyd bron iawn yn brifysgol. Deuai athrawon i ddarlithio'n ddyddiol a byddai nifer o'r staff yn mynychu gwersi ar y tir mawr. Roeddwn i erbyn hyn wedi mynychu pedwar coleg, sef Coleg Technegol Amwythig, Coleg y Staff yn Wakefield, Coleg Hyfforddi Addysg Gorfforol yn Bromsgrove a Phrifysgol Southampton, yn ogystal ag astudio drwy'r post, sef cwrs gan Goleg Bennett, Sheffield.

Digwyddai rhywbeth beunydd. Fe geid ymladd, ac ar adegau câi rhywun ei dorri â rasel neu gyllell. Unwaith ym Mrawdlys Winchester fe wnaeth y Barnwr, yr Ustus Lawson a oedd yn fab i swyddog carchar, gais i mi annerch y llys ar ddulliau'r barwniaid tybaco. Roedd y carcharor o flaen y llys wedi defnyddio rasel ar ddyn du gan achosi clwyf oedd ag angen nifer o bwythau. O Glasgow y deuai'r ymosodwr, ac roedd defnyddio rasel yn beth cyffredin yno. Derbyniodd dair blynedd ychwanegol o garchar.

Teimlwn fod gwendid mawr yn y gyfundrefn. Pan ddigwyddai trafferthion, doedd fawr ddim y medrem ei wneud yn ei gylch. Y cyfan oedd yn bosibl oedd dewis rhai o'r arweinwyr a'u trosglwyddo i garchardai eraill. Ond wrth ddygymod â dynion categori 'A' roedd y dewis o garchardai yn gyfyngedig. Dim ond dau a fodolai ar y pryd. Heddiw, wrth gwrs, mae yna lawer.

Yn ystod y cyfnod hwn fe anfonodd y Brif Swyddfa dîm i gloriannu gwaith y carcharorion yn Albany – camgymeriad mawr, yn ôl fy nhyb i. Syniad Americanaidd oedd hwn, ymarferiad cost-effeithlonrwydd gwaith. Chwarae â thân oedd y fath syniad. Daeth ein gweithdy cynhyrchu i stop llwyr. Pan glywais am hyn, penderfynais fynd i weld y sefyllfa drosof fy hun. Rhybuddiais y swyddogion diogelwch, oedd yn defnyddio camerâu yno. Yn y gweithdy roedd yna dawelwch llwyr, a gwelwn y gallai pethau fynd y naill ffordd neu'r llall, os na ddefnyddiwn gryn ddoethineb.

Sylwais ar un carcharor oedd yn Dartmoor yn ystod fy nghyfnod i. Roedd hwn yn beiriannydd abl iawn ac yn cynhyrchu oferôls. Gofynnais iddo a fyddai'n barod i esbonio'r rheswm dros atal gweithio. Yn y cyfamser, sylwais fod y tîm cloriannu yn bresennol a meddyliais mai hyn oedd wrth wraidd y streic. Fe gadarnhawyd hynny gan y carcharor. 'Rwy newydd fod yn destun astudiaeth gwaith,' meddai. 'Ac er mai fi yw un o'r peirianwyr cyflymaf, maen nhw am i fi dorri fy amser o hanner awr i saith munud ar hugain y dilledyn. Fedra i ddim gwneud hyn.' Ac fe ychwanegodd, 'Beth mae amser yn ei olygu i mi, a minnau'n treulio deng mlynedd ar hugain yma?'

Deallwn ei safbwynt, er na fedrwn fynegi barn. Bu'n rhaid i mi rybuddio'r tîm i bwyllo a gwneud tro pedol. Fe wnaethon nhw wrando ac fe ddychwelodd y carcharorion at eu gwaith. Nid fod gwaith ynddo'i hun yn hollbwysig – y peth pwysicaf oedd darparu gweithgaredd ar eu cyfer er mwyn osgoi bywyd undonog.

Gwers arall a ddysgais oedd peidio byth â rhuthro. Pan fyddai swyddogion yn rhuthro fe wnâi'r carcharorion gyffroi ac ymateb yn dreisgar. Yr ateb oedd prysuro, ond peidio byth â rhuthro. Mae yna wahaniaeth mawr rhwng y ddau.

Yr adeg hon roedd Parkhurst yn mynd drwy gyfnod anodd. Roedd yno lawer o seicopathiaid llwyr. Yr unig ateb wrth ddygymod â nhw oedd defnyddio nerth bôn braich, neu'r 'heavy mob' fel y caent eu galw. Grwpiau wedi'u dewis yn arbennig oedd y rhain, wedi eu hyfforddi i ddygymod â charcharorion milain. Roeddynt yn cyfateb i'r 'riot squads' ymhlith yr heddlu.

Gwyddem fod Parkhurst ar fin ffrwydro gan fod gormod o garcharorion treisgar yn cael eu cadw yno. Roeddwn i gartref pan dderbyniais alwad rhybudd coch dros fy radio. Euthum i

Albany i ddechrau, lle'r oedd y Rheolwr yn trefnu'r staff ar gyfer y trafferthion.

Sylweddolem ein bod mewn perygl. Dim ond ffordd gul a wahanai'r ddau garchar. Gelwais ar ragor o swyddogion nad oedd ar ddyletswydd, ac o fewn chwarter awr roedd tua hanner cant o swyddogion a thrafodwr ci wedi ymgynnull. Galwyd ar swyddogion o Camp Hill, hefyd. Aethom i mewn i Parkurst a chanfod sefyllfa ddychrynllyd yno. Roedd cyrff yn disgyn i bob cyfeiriad.

Y swyddog cyntaf i mi ei weld wedi ei anafu'n ddrwg oedd cyn-swyddog o Frynbuga a adwaenwn yn dda. Er gwaethaf ei anafiadau fe lwyddodd i'm hadnabod. Fe fu'n ddyn ffodus iawn. Roedd cyllell wedi hollti ei wddf a bron â thorri'r brif wythïen, ond llwyddodd i wella'n llwyr gydag amser.

Ni pharhaodd y reiat yn hir, gan i'n dynion ni ysgubo drwy'r carchar. Anafwyd llawer, a chyhuddwyd nifer o'r carcharorion o greu reiat ac o achosi anafiadau corfforol difrifol. Doedd reiat, wrth gwrs, ddim yn help i neb. Trosglwyddwyd y Pennaeth i swydd arall yn y Brif Swyddfa a bu'n rhaid i'r Rheolwr ymddeol yn drigain oed. Cwestiwn mawr y Brif Swyddfa oedd pwy wnaeth orchymyn defnyddio pastynau reiat ar gyfer dod â'r trafferthion i ben. Câi pob swyddog gario pastwn cyffredin, ond roedd pastynau reiat yn drymach ac yn hirach. Rhoddodd y Pennaeth y bai ar y Rheolwr, a'r Rheolwr ar y Pennaeth, sefyllfa drist gan iddynt cyn hynny fwynhau perthynas dda. Er eu bod yn gwbl wahanol o ran personoliaethau, roedd y ddau yn ddynion ardderchog.

Am gyfnod hir wedyn, ni fu Prif Swyddog yn Parkhurst, a gofynnwyd i mi gan y Rheolwr a fyddai gen i ddiddordeb yn y swydd. Roedd gen i ddigon o broblemau fy hun, ond teimlwn fod rhyw newid ym mhersonoliaeth Rheolwr Albany, David Gould. Yna dyma glywed fod y Cyfarwyddwr dros garchardai'r de, Major Gale, am fy ngweld pan alwai gyda ni y tro nesaf. Treuliodd hwnnw gryn awr yn fy nghwmni a theimlwn yn awr mai Parkhurst fyddai fy rhan. Ymddangosai fod pethau'n digwydd y tu ôl i 'nghefn, a theimlwn yn ddig.

Penderfynais ddod wyneb yn wyneb â'r Rheolwr a gofyn iddo'n blaen beth oedd y sefyllfa. Ei ateb oedd na wnâi sefyll yn fy ffordd os oeddwn am fynd i Parkhurst. Ond os nad oeddwn am fynd, yna fe ymladdai i'r eithaf i'm cadw yn Albany. Gadewais lonydd i'r mater, er na ddeallwn y sefyllfa. Hwyrach fy mod o dan straen ar y pryd ac yn methu gweld pethau mor glir ag y dymunwn. Ond bodlonais ar adael pethau fel ag yr oeddynt.

Ddyddiau'n ddiweddarach, clywais fy mod i dderbyn y Fedal Ymerodrol ac y câi ei chyflwyno i mi gan Gyfarwyddwr Adran y De mewn parêd llawn. Gwawriodd y diwrnod mawr, ac yn bresennol roedd aelodau staff o Parkhurst a Camp Hill yn ogystal ag Albany. Roedd y fedal yn ffrwyth dros chwarter canrif o wasanaeth ffyddlon.

Ond, yn y cyfamser, dirywio wnaeth y sefyllfa yn Albany. Un bore fe'm galwyd yn gynnar, a phan gyrhaeddais sylweddolais nad oedd y Rheolwr yn bresennol. Ef oedd y trydydd i ddal y swydd, a gwyddwn yn dda nad oedd hwn yn addas i'r gwaith o fod yn gyfrifol am garcharorion Categori 'A'. Cyn-filwr oedd e, a chanddo radd BSc ac roedd yn bianydd da, ond nid y rhain oedd y cymwysterau gorau ar gyfer gweinyddu carchar fel Albany. Gwyddwn ers tro fy mod i'n mynd i wynebu dyddiau anodd. Roedd un o'r dyddiau hynny wedi gwawrio.

Roedd y Rheolwr yn yfwr trwm. Felly, yn ei absenoldeb, gadewais iddo gysgu a chymerais yr awenau. Penderfynais gadw pawb dan glo, ond daeth y wasg i glywed am hyn ac fe wnaed môr a mynydd o'r peth. Gan ei fod yn fater gwleidyddol, fe ddanfonwyd y Cyfarwyddwr Rhanbarthol i lawr a gorchmynnodd fi, ar yr ail ddiwrnod, i ddatgloi'r celloedd. Anwybyddais ei orchymyn gan y teimlwn y byddai angen tridiau i reoli'r sefyllfa. Petai terfysg wedi digwydd, ni fyddai gen i ddewis ond ymddiswyddo.

Er i ni lwyddo i ddal ein tir, ymddangosai mai mater o amser yn unig fyddai hi cyn i bethau ffrwydro. Doedd troseddwyr milain ddim yn fodlon nes iddynt fedru brolio iddynt dreulio cyfnod mewn carchar a ystyrid yn un caled. Hyd yma, doedd Albany ddim wedi cyrraedd y dosbarth hwnnw. Ond ffordd arall o gael eich derbyn gan yr is-fyd troseddol oedd cymryd rhan mewn terfysg. Roedd y Rheolwr yn ddyn trugarog, ac ni fedrai weld fod troseddwyr gwirioneddol beryglus – llawer gormod ohonynt – yn cael eu trosglwyddo i Albany.

Erbyn hyn roedd gen i dair ar ddeg ar hugain o flynyddoedd o wasanaeth y tu ôl i mi, tair o'r blynyddoedd hynny dros yr oedran ymddeol. Gan fy mod, felly, yn medru hawlio pensiwn, roeddwn yn gweithio am hanner cyflog. Roeddwn i'n hanner cant ac wyth mlwydd oed, a phob blwyddyn dros yr hanner cant a phump yn cyfrif fel dwy flynedd.

Dyma pryd yr hysbyswyd fi fod y Frenhines yn dymuno fy anrhydeddu â'r BEM, ac y câi'r fedal ei chyflwyno i mi gan Iarll Louis Mountbatten, Llywydd Anrhydeddus Ynys Wyth. Nawr fe ddaeth yn glir beth oedd pwrpas Major Gale wrth fy holi mor hir ac mor drwyadl yn gynharach. Llongyfarchwyd fi gan David Gould, ac ymddiheurais wrtho am i mi gamddeall y sefyllfa. Fe wnaethom barhau i fod yn ffrindiau mawr. Roedd Gould yn ddyn arbennig iawn, ac yn llawer rhy ddeallus i gael ei werthfawrogi gan y Sefydliad.

Un peth a gofiaf yn dda am y seremoni gyflwyno oedd i Mountbatten droi at un o'm hwyresau bach, a oedd yng nghôl ei mam, a dweud wrthi: 'Rwy am i ti fy nghofio i pan fyddi di'n hen wraig.' Wrth gwrs, fe'i llofruddiwyd ef yn ddiweddarach gan yr IRA. Petai wedi cael byw, credaf y byddai'r sefyllfa ym Mhalas Buckingham heddiw yn llawer iachach nag y mae.

Erbyn hyn, roeddwn i'n paratoi ar gyfer ymddeol. Codais fyngalo yn Llandyfrïog, ond yn y cyfamser fe'm galwyd eto i Lundain gyda'r bwriad o gynnig i mi ddyrchafiad arall. Doeddwn i ddim yn rhy frwdfrydig y tro hwn, er i mi gael dewis ble i fynd. Roedd lle gwag yn Hull, ond doeddwn i ddim am fynd yno. Hefyd roedd hen gyfaill i mi o'r Gwasanaeth Carchardai wedi codi tŷ yn Llandyfrïog, ac wedi ymddeol yno. Roedd y llythyrau a ddanfonai Ted Thomas ataf yn sôn am y bywyd cefn gwlad yn creu darlun rhy ddeniadol i'w wrthod. Penderfynais ymddeol ar 15 Rhagfyr, 1971.

Cofiais y stori honno gan Tolstoy a oedd yn gofyn faint o dir oedd ei angen ar ddyn. Yn y pen draw, ei unig angen oedd wyth droedfedd wrth bedair, sef gofynion y Weinyddiaeth Iechyd ar gyfer maint bedd. Roedd y byngalo dipyn yn fwy. Paratois fy hun ar gyfer y diwrnod ymddeol.

Ymhlith carcharorion Albany roedd un a oedd yn amlwg am ei agwedd swta a sarrug. Roedd hwn, flynyddoedd yn gynharach, wedi llwyddo i ddianc o garchar Caerwynt, carchar Diogelwch Uwch. Ni wyddai neb sut y llwyddodd i wneud hynny gan fod y carchar yn darparu'r offer diogelwch diweddaraf. Teimlem yn awyddus i ddod i wybod ei gyfrinach. Fe'i holais am hyn unwaith yn y gweithdy, ond daeth yn amlwg nad oedd am drafod y peth.

Eto i gyd, llwyddais i ennill rhyfaint o'i ymddiriedaeth. Fe aeth mor bell â datgelu sut y llwyddodd i gadw'i draed yn rhydd am chwe blynedd. Datgelodd iddo ffoi i'r gorllewin. Meddyliais mai cyfeirio at Ddyfnaint neu Gernyw roedd e ond na, i orllewin Cymru roedd e wedi dianc. Gofynnais ble. Ei ateb oedd Cwmcych – yn ymyl Castellnewydd Emlyn!

Wedi i mi ymddeol, clywais fod ei stori'n wir. Un tro, roedd e wedi gwahodd y plismon lleol i de. Tra oedd yng Nghwmcych, fe werthodd ddau gae i ffermwr lleol gan ddefnyddio dogfennau ffug, a llwyddodd hefyd i dwyllo dyn busnes yn Nhanglwst. Dangosodd cofnodion iddo dreulio cyfnod yn astudio Bywydeg Môr yn y Brifysgol yn Aberystwyth. Ydi, mae'r gwir yn aml yn rhyfeddach na'r dychymyg.

Dridiau wedi i mi ymddeol, cefais gynnig swydd yng ngharchar Magillighan yng Ngogledd Iwerddon. Roedd hwn yn ddigwyddiad unigryw, ond gwrthodais y cynnig. Teimlwn fod tair blynedd ar ddeg ar hugain yn gyfnod digonol. Ac fe wyddwn ormod am yr IRA.

Ddeng mlynedd ar hugain yn ddiweddarach, y mae pethau

wedi newid, a hynny er gwaeth, yn ein carchardai. Yn ystod 1999, dioddefodd dwy fil a phum cant o swyddogion carchar ymosodiadau gan garcharorion, sef deg y cant o'r gweithlu. Ac mae'r problemau ar eu gwaethaf yn yr wyth carchar preifat sydd ym Mhrydain.

Eto, fyddwn i ddim am newid dim o'm bywyd. Gofynnir i mi, byth a hefyd, pe cawn ddoe yn ôl a awn i eto i'r Gwasanaeth Carchardai? Atebaf yn gadarnhaol bob tro. Fedra i ddim meddwl am swydd fwy boddhaol a mwy cyffrous. Mae cydfyw gyda'r rheiny sydd byth a beunydd yn gwrthryfela yn erbyn cymdeithas yn her enfawr.

Yn Llandyfrïog heddiw mae'r eog yn dal i ddod i fyny i fwrw'i wyau yn ei dymor. Ond fe aeth pris trwydded y tu hwnt i boced pobl leol a phensiynwyr, yr union bobl y bwriadwyd eu diogelu fwyaf gan gymdeithas. Oes raid i ni ddisgwyl am ddychweliad Merched Beca?

Fedra i ddim cloi heb sôn am y gosb eithaf. Does yr un wlad wâr, Gristnogol am weld crogi yn dod yn ei ôl. Ond yn aml gofynnaf i mi fy hun: a ydym yn ddigon gwâr a Christnogol i beidio ag adfer crogi?

Pan nad yw pobl yn barod i dderbyn cyfreithiau cymdeithas, a ddylent gael yr hawl i fwynhau'r diogelwch a ddarperir gan y gymdeithas honno? Gadawaf y cwestiwn i chi ei ystyried.

CYFRES
DAL Y GANNWYLL

*Cyfres sy'n taflu ychydig o olau
ar y tywyll a'r dirgel.*
Golygydd y gyfres:
LYN EBENEZER

Gwenwyn yn y Gwaed
*Pedwar achos o golli bywyd
o dan amgylchiadau amheus*
Roy Davies
Rhif Rhyngwladol: 0-86381-672-X; £3.99

Ystyrir y cyn-Dditectif Uwch-Arolygydd Roy Davies erbyn hyn fel un o brif gofianwyr achosion o dor-cyfraith yng Nghymru. Yn awdur nifer o gyfrolau ar y pwnc, fe aeth ati yn *Gwenwyn yn y Gwaed* i gofnodi pedwar achos. Mae *Hen Dwrne Bach Cydweli* yn olrhain hanes clasurol Harold Greenwood. Yn *Ar Wely Angau*, cawn hanes cythrwfl teuluol a arweiniodd at drychineb. Yn *Y Corff yn y Gasgen*, clywn am un o'r achosion mwyaf bisâr mewn hanes, tra bod *Y Gŵr a Surodd y Gwin* yn rhoi gwybod i ni am ran yr awdur ei hun mewn datrys llofruddiaeth merch ifanc. Yn 1999, enillodd yr awdur radd MA mewn Ysgrifennu Creadigol yng Ngholeg y Drindod, Caerfyrddin.

I'W CYHOEDDI HAF 2001:
Yr Ymwelwyr
O'r gofod i Gymru
Richard Foxhall
Rhif Rhyngwladol: 0-86381-673-8; £3.99

Mae'r awdur ei hun wedi bod yn llygad-dyst i oleuadau a

cherbydau rhyfedd yn yr awyr uwch Dyffryn Nantlle. Sbardunodd hynny ei ddiddordeb mewn soseri hedegog ac UFO's a dechreuodd gasglu gwybodaeth am brofiadau tebyg, gan ganolbwyntio ar Gymru a theithwyr o'r gofod. Daeth ar draws tystiolaeth syfrdanol, ac ar ôl iddo blagio'r Weinyddiaeth Amddiffyn am flynyddoedd, fe lwyddodd i gael honno, hyd yn oed, i ddatgelu peth gwybodaeth ddadlennol.

Achos y Bomiau
Hanes Achos Mudiad y Gweriniaethwyr
Ioan Roberts
Rhif Rhyngwladol: 0-86381-674-6; £3.99

'Wrth i raglen *Cyn Un* ddechrau daeth y ddau ddyfarniad cyntaf. Dau yn ddieuog ar bob cyhuddiad. Rhuthro allan i giosg a thorri'r newydd yn ddigon carbwl i'r genedl. Erbyn trannoeth ,roedd tri arall yn rhydd, ac achos llys drutaf Cymru ar ben wedi naw wythnos a hanner. A'r cyhuddiadau'n tasgu – yn erbyn y plismyn!'

Mae'r achos cynllwynio yn Llys y Goron Caerdydd yn 1983, a chwalodd y Mudiad Gweriniaethol Sosialaidd Cymreig, yn dal i'w gael ei ddyfynnu mewn achosion eraill. Wrth ei wraidd roedd pwy oedd yn dweud y gwir, y cyhuddiedig ynteu'r plismyn, ynglŷn â chyffesiadau honedig, a manylion fel y 0.3 gram o gemegyn a 'ddarganfuwyd' mewn llofft yng Nghwm Rhymni. Wedi deunaw mlynedd mae'r diffynyddion yn dal yn flin, Heddlu De Cymru dal yn y doc, rhai o'r bargyfreithwyr yn sêr, a phwy bynnag fu'n gyfrifol am y bomiau a'r tanau a'r bygythiadau a fu'n sail i'r cyfan yn dal mor anweledig â Merched Beca. Roedd Ioan Roberts yn ohebydd i Radio Cymru yn y llys. Yn y gyfrol hon mae'n ail-fyw peth o ddrama'r achos, y digwyddiadau a arweiniodd ato, a'r effaith a gafodd.

I'W CYHOEDDI HYDREF 2001
'Mae Rhywun yn Gwybod . . . '
Ymgyrch Losgi 1979-1994
Alwyn Gruffydd
Rhif Rhyngwladol: 0-86381-675-4; £3.99

Roedd llwyddiant ymgyrch losgi Meibion Glyndŵr yn ddibynnol ar ewyllys da gwerin gwlad – a hynny yn nannedd ymgyrch daer iawn am wybodaeth gan yr heddlu a'r gwasanaethau cudd. Ar lefel y boblogaeth leol, cafodd yr ymgyrch groeso a gafodd ei amlygu mewn caneuon, sloganau, crysau-T – a thawelwch. Mae'r gyfrol hon yn cynnwys agwedd ar yr hanes na ddaeth i'r amlwg yn adroddiadau newyddiadurol ac ymateb gwleidyddion y cyfnod.

Borley Cymru
Yr aflonyddwch yn Ficerdy St Paul, Llanelli
J. Towyn Jones
Rhif Rhyngwladol: 0-86381-676-2; £3.99

Roedd rheithordy Borley, swydd Essex yn dŷ lle bu hela ysbrydion ar raddfa fawr rhwng 1929-1938. Dangosodd y papurau newydd gryn ddiddordeb ynddo, gwnaed ymchwil manwl gan ddefnyddio camerâu a ffilm sine a chyhoeddwyd cyfrol yn seiliedig ar fwrlwm poltergeistaidd y rheithordy yn 1940: *The Most Haunted House in England*, flwyddyn ar ôl i'r adeilad losgi'n ulw.

Mae gan Gymru ei 'Borley' ei hun. Bu cryn aflonyddwch ysbrydol yn Ficerdy St Paul, Llanelli a phwy'n well na gweinidog gyda'r Annibynwyr i ddadlennu'r hanes?